U0614141

少数民族典籍英译概论

郝会肖　任佳佳　著

中国海洋大学出版社

· 青岛 ·

图书在版编目（CIP）数据

少数民族典籍英译概论／郝会肖，任佳佳著．—青岛：中国海洋大学出版社，2024.2

ISBN 978-7-5670-3708-3

Ⅰ. ①少… Ⅱ. ①郝… ②任… Ⅲ. ①少数民族－古籍－英语－翻译－研究 Ⅳ. ①H315.9

中国国家版本馆 CIP 数据核字（2023）第 229171 号

出版发行	中国海洋大学出版社		
社　　址	青岛市香港东路 23 号	邮政编码	266071
出 版 人	刘文菁		
网　　址	http://pub.ouc.edu.cn		
订购电话	0532－82032573（传真）		
责任编辑	邵成军	电　　话	0532－85902533
印　　制	青岛国彩印刷股份有限公司		
版　　次	2024 年 2 月第 1 版		
印　　次	2024 年 2 月第 1 次印刷		
成品尺寸	170 mm ×240 mm		
印　　张	7.25		
字　　数	113 千		
印　　数	1—1 000		
定　　价	50.00 元		

前　言

PREFACE

　　中华民族的文化遗产，自上古以来就由各族人民共同开创。少数民族文化的翻译传播学研究视角是一种文化自觉和文化自信的表现，更是时代的使命。本书主要采用翻译传播学和民族文化学的研究方法，基于詹姆斯·马丁的功能语言学理论、帕里-洛德口头程式理论，从少数民族文学、文化、科技等非物质文化遗产数据库中梳理出国际传播中少数民族符号的生成轨迹以及它们所传承的少数民族美学，旨在继承和发扬优秀的少数民族文化遗产，探索翻译在传播民族文化和民族形象塑造领域的实践价值和教育功能。

　　翻译作为一种有效的文化译介模式，具有让民族文化走出文本语境、塑造民族形象和促进民族文化认同的重要功能。本书分为六章，分别从少数民族典籍英译理论概论、少数民族诗歌典籍英译与传播、少数民族民间文学英译与传播，以及少数民族音乐、绘画和科技典籍的英译与传播等六个方面梳理我国少数民族非物质文化遗产的译介历史和现状，旨在为讲好中国少数民族故事提供新的视角。本书以民族文化符号阐释和国家形象建构为切入点，探讨少数民族典籍的英译史和传播史，能够进一步让世界了解和更加信任我们的民族政策，分享少数民族历史文化的多元和多样性。本书每一章最后的拓展阅读部分还附有相关国外翻译理论、民族典籍研究的英文原文，让读者能够从跨学科维度去领略民族典籍的学术价值、文化价值和外交价值。通过对少数民族典籍译介和传播史的梳理和研究，本书认为翻译是一种权力话语与文化身份建构的跨文化活动。因此，要重视翻译与接受的互动关系，探索民族文化对外传播的有效范式,阐释少数民族的文化身份对铸牢中华民族共同体意识具有积极的推动意义。

　　尽管我国少数文化传承在政策和发展环境方面都获得了国家的重视和支持,但仍然面临着国际传播效度不高、民族文化产业发展缓慢、非遗传承人年轻化程度不高等现实问题。本书的另外一个特点就是对少数民族典籍的多模态传播进行梳理,对民族典籍的数字人文性进行初探,通过近些年来国外数字民族志研究的案例发现,当前这些民族典籍瑰宝通过舞蹈、影视和动画改编已经形成了立体、可信和可爱的民族文化代言,如美丽的傣族孔雀公主、英勇的格萨尔王、善良勤劳的阿诗玛,都在域外传播中获得了新生命力,获得国外读者的热爱,越来越多的国外学者和普通读者被少数民族社会文化与生态的异质性和多样性所吸引。民族典籍的多模态翻译与研究为读者提供了更具阅读能动性的文本。本书为云南省教育厅科学研究基金资助项目和西南林业大学外国语学院 MTI 学科建设项目研究成果。最后,书中如有遗漏或者不当之处,还请各位专家多批评指正。

郝会肖　任佳佳

2023 年 9 月于昆明

目 录
CONTENTS

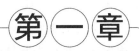

第一章 少数民族典籍英译理论概述

民族典籍具有珍贵的历史文化价值,通过口头流传或文字记述的方式书写了各民族间交往交流交融的发展进程,呈现了中华民族的多元一体格局和爱好和平、亲仁善邻的民族精神。这些少数民族文字文献蕴涵着各民族对自然、社会和人生的独特认识,"与汉文文献并驾齐驱,优势互补,共同构成了中华民族古代典籍文化的灿烂宝库"(朱崇先,2017:2)。中国英汉语比较研究会典籍英译委员会会长李正栓(2021:8)指出:"典籍英译和民族典籍英译是传播中国文化、文学和文明的重要途径。典籍英译指对汉民族经典作品的英译。民族典籍英译指对汉民族之外所有少数民族经典作品的英译,是中华文化走出去的重要组成部分。"新中国成立以来,一些省份的民语委办公室、民间文学搜集工作队和调查队等开始组织民族典籍的发掘、整理和翻译工作,取得了丰硕的成果。这些民族典籍富有科学性、广泛性、地域性和代表性,彰显了民族民间文化多样性,全方位、全景观地展现了我国少数民族的历史风貌与文化记忆。

第一节 民族典籍英译大有可为

近十年来,随着柯尔克孜族史诗《玛纳斯》、藏族英雄史诗《格萨尔》和赫哲族英雄史诗《伊玛堪》等民族典籍入选联合国教科文组织非物质文化遗产名录,国内外越来越多的专家学者认识到了民族文化典籍所具有的艺术价值、文化价值和教育价值。李正栓教授多次在全国民族典籍翻译学术研讨会上强调民族典籍翻译对中华文化对外传播起到了巨大推动作用,提出各民族文化和文学都很重要,只有把各民族典籍也介绍给国内和国外读者才是完整的中华文化(李正栓,2015)。他认为民族典籍翻译工作不仅是传承和发展中华优秀传统文化的重要途径,更属于一种文学外交,即以饱含厚重中华文化品格的民族文化符号作为联结中国与世界的一条纽带。

对少数民族典籍的翻译大致有自发性和集体性两种。国内一大批从事民族典籍翻译的学者在传承和发扬我国民族典籍中的思想价值和艺术价值过程中发挥了重要的开拓者作用。例如,邢力(2007)的蒙古族典籍英译研究,廖志恩(2012)、黄中习(2012)、陆莲枝(2017)等人的壮族典籍英译研究,张志刚(2012)的东北少数民族典籍英译研究,喻锋平(2018)的畲族典籍英译研究,李正栓(2020)的藏族格言诗翻译与传播研究等,共同推动了国内少数民族典籍翻译事业的蓬勃发展,形成了民族典籍翻译研究与实践的学术共同体,以民族典籍翻译研究和实践作为接轨国际的桥梁,推动民族典籍译域不断拓宽和向纵深发展,共同助力少数民族文化走出去。这些成绩都昭示着我国民族典籍翻译事业大有可为。

为服务区域经济文化发展,政府部门在推动民族典籍的对外传播方面也不遗余力,提供了很多支持。例如,云南省民语委办公室组织翻译出版了中印文化交流典籍、傣文经典《兰嘎西贺》,译本用傣、汉、英三种文字合册出版,在新时代进行面向南亚东南亚辐射中心建设方面具有重要的文化和外交价值,为促进民族典籍翻译事业发展、构建"一带一路"文化外交的话语权起到积极作用。

第二节　民族典籍英译理论探析

一、詹姆斯·马丁文化语境理论框架

翻译并非简单地把一个文化的能指转化为另一个文化的所指的过程,更是一种文化行为,一项建构社会和民族价值观的社会活动。国际著名功能语言学家詹姆斯·马丁(James Martin,2002)从语言、文化和意识形态的关系出

发,提出从语言的每一个层面到意识形态都是一个符号系统的观点,对我们从宏观的语篇结构角度建构适用于民族典籍翻译理论和实践的语境模型提供了启发。(图 1-1)

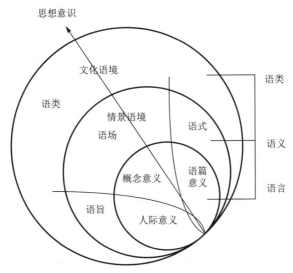

图 1-1　语言、语域和语类之间的元功能关系图谱(Martin,2002:57)

马丁认为语言包括语音、词汇语法和语篇语义三个层面;语场(field)、语式(mode)和语旨(tenor)则构成了语域的三个社会变量。语类(genre)是通过语言和语域来实现的,文化则是由一系列的语类系统组成的。因而文化翻译就是在语言、语域和语类等微观和宏观层面的忠实对等,选择适当的语言和文体风格、得体性的语域来传承少数民族的文化记忆,呈现中华民族共同体的价值观念和文化精神。翻译作为中华民族文化传介的关键途径,具有让民族典籍走出文本语境和促进民族文化认同的重要功能,尤其是在民族形象塑造和文化传承的过程中能够起到有力的推动作用。

二、口头程式理论

口头程式理论,又称"帕里－洛德口头程式理论"(Parry-Lord oral-formu-laic theory),是 20 世纪美国民俗学的理论流派之一。民俗学家米尔曼·帕里(Milman Parry,1928)和他的学生阿尔伯特·洛德(Albert Lord,1960)对荷马史诗的口头传统进行了持续研究,认为诗歌传统和表演性是史诗叙事的主要程式,一些民间传承人能够不借助书写手段,只通过重复一些单元中的片语以及有规律的诗歌格律来进行流利的叙事。

20世纪90年代以后,我国的少数民族文化研究也开始逐步树立起"活形态"的史诗观,开始探讨民族典籍口头传统的内部结构与运作过程,揭示民族诗歌与文学作品创作、表演与流传的演化模式。语言工作者也展开了基于"口头文本"的翻译与传播研究与实践,对少数民族族群的口头诗歌传统给予关注,还原谚语、谜语、挽歌、叙事诗等民族文化中的口头程式和声音表征等,即译本要强调民族典籍"活形态"的特征,强调典籍的演唱性、表演性和流传性,同时译者要注重扎实的田野研究和民族志研究,推动少数民族典籍翻译的理论探索与域外传播实践,把简化的文学形式还原为能在具体语境中传播的丰富多彩的活态文学。正如美国普林斯顿大学学者诺米·斯托弗(Nomi Stone)所说,民族志诗学的翻译原则能够还原出少数民族诗歌中的情感、节奏和文化意象:

> 我们从当前的时代语境来叩响民族志诗学的大门,为诗歌典籍呈现出的空间异质性和文化的原貌而感到惊奇。在我们完全领略诗歌的语篇意义之前,我们的审美被每一个词组、短语、乐律所激发。(Stone,2018:46)

民族典籍翻译是一项建构民族价值观的文化活动,在提升民族自信和身份认同方面发挥着重要的作用。在让中华民族文化的翻译走出文本语境、探索民族文化对外传播的有效路径、积极参与中外文化交流中国对外话语体系的建设、探讨翻译对融合东西思想来传播本土文明、促进东学西渐的可行之道等方面,国内外一批民族典籍翻译领域的专家和学者正孜孜不倦地贡献着自己的精力和智慧,向世界展现我国绚丽多姿的民族文化景观,输出凝练各民族共享的中华文化符号和中国声音。

拓展阅读:纳西典籍翻译的理论要点

Translating the Naxi Script: Theoretical Concerns

For all the vivid images the script casts in our imagination, the translation of Naxi ritual texts cannot escape the problem of language. Lawrence Venuti has written of translation as essentially decontextualising, and in doing so produced one of the more persuasive arguments against the traditional understanding of the smooth transfer from a source text to a target text in translation: Translation enacts an interpretation, first of all, because it is radically decontextualizing. The structural differences between languages, even between languages that bear significant lexical and syntactical resemblances stemming from shared etymologies or a history of mutual borrowing, require the translator variously to dismantle, rearrange, and finally displace the chain of signifiers that make up the source text.

Specifically, Venuti highlights three source-language contexts that are lost in translation. The first is intratextual, the linguistic patterns and discursive structures, the "verbal texture" of the source text. The second is intertextual, the network of linguistic relations that generates significance for those readers that are well-read in the source language. The third is both intertextual and intersemiotic and relates to the context of reception, namely "the various intermedia through which the source text continues to accrue significance when it begins to circulate in its originary culture". These range from the designs and text of the book jackets to advertising blurb and reviews in journals, to subsequent editions and adaptations. Venuti calls these three contexts "constitutive" by which he means that all three are necessary components of the signifying power of a text; components that tellingly do not survive (intact) in the transition from one language and culture to another.

The context holds all these keys to a text's ways of meaning, but the translator cannot possibly transfer all this baggage alongside their translation. In fact, the ritual traditions of the Naxi, just like ritual traditions of other cultures around the globe, are a complex unity of parts performed by what Jerome Rothenberg has called "technicians of the sacred". What we might simply conceive of as a poem belonging to an epic tradition that has been put to ritual use is not just a poem that can be read, but in fact a unity of man and world, world and image, image and word, word and music, music and dance, and dance and dancer. To translate these books is to re-create the entire Naxi cultural heritage into another language.

(Selected from Poupard, D. *Translation/re-Creation: Southwest Chinese Naxi Manuscripts in the West*[M]. New York: Routledge, 2021.)

第二章

少数民族诗歌典籍英译与传播

在中国诗歌发展的历史长河中，少数民族诗歌也取得了辉煌成就，成为中华民族多元一体文化格局的有机组成部分。中华民族的文化遗产，自上古以来就由各族人民共同开创。少数民族诗歌形式多样，内容丰富，民族色彩浓郁，传承载体独特，通过生动形象的艺术刻画，展示了各民族人民的现实生活，凝聚了各少数民族的文化记忆，为少数民族社会经济制度、婚姻制式、价值观念和审美趣味的研究提供了珍贵的史料。

在我国55个少数民族中，除了高山族、黎族、畲族等，绝大多数少数民族都聚居在广阔的边疆地区。从东北延伸到西南，他们生活的地理空间横跨了森林、草原、高原等生态系统，呈现了生态文化的多样性。在传播载体上，中华人民共和国成立前只有蒙古、藏、维吾尔、哈萨克、柯尔克孜、朝鲜、彝、傣、拉祜、景颇、锡伯、俄罗斯等部分少数民族有自己的民族文字，因而从古代以来的诗歌创作，少数民族诗歌大多具有口头叙事和表演传统的特征。中国少数民族口述诗歌的收集、整理、翻译和出版始于20世纪50年代末，大量文本进入大众媒体标志着中国少数民族诗歌的新开端。根据诗歌的题材和叙事内容，马学良等（2001）在《中国少数民族文学史》中将少数民族诗歌划分为创世史诗、英雄史诗、叙事长诗等三个主要类别，这些诗歌歌唱了各民族上古时代以来的开天辟地神话、英雄传奇、爱情故事，也对他们的仪式礼俗、民族智慧进行了全方位的描绘。

第一节　创世史诗

史诗（epic），一般是指一种场景和规模宏大、流传于民间且历史久远的叙事体长诗。它富含艺术想象，以诗的形式来吟唱古代的人类起源、英雄传说和神话、历史故事等，是古代人们在书写文本发明之前记述历史和保存文化的一种重要手段。创世史诗（creation epic）则是关于世界和人类起源神话的诗歌，描绘了世界从混沌到有序状态的整个过程。古远清（1988）认为创世史诗讲述了天地日月的形成、人类的产生、家畜和各种农作物的来源。根据史诗传承和流布的地理区域，历史和经济文化类群，我国少数民族史诗大致分为南北两大史诗传统。北方民族多以长篇英雄史诗见长，南方民族则以中小型的创世史诗和迁徙史诗为主。近年来，越来越多的创世史诗被翻译出版，让更多的外国学者和普通读者领略到中华民族文化的独特性和多样性。美国哈佛大学哲学家、比较神话学学者迈克尔·沃尔泽（Michael Witzel, 2013）认为神话史诗是历史的一个分支，因为它们在一定程度上反映了历史的真实存在。沃尔泽进一步对我国少数民族的创世神话进行了梳理，提到了苗族、纳西族有关太阳的传说，哈尼族创世史诗中有关火的起源等，并从历史比较神话学的视角解读了我国少数民族文化中蕴藏的和谐自然观和独特文化魅力。满族史诗性的创世神话《天宫大战》（*The War of Creation*）是"满族说部"①中的典型代表，这部史诗相继被翻译成德、日、韩文出版。荆文礼（2009）根据传承人富育光的讲述将这部史诗进行翻译整理，全面、系统地还原了这部经典满族神话文本，并首次以诗歌形式出版。2021年，辽宁民族出版社出版了这部创世史诗的英译本②，译者刘艳杰基于民俗学、美学和跨文化交际学等跨学科理论，忠实地再现了《天宫大战》的民族语言特色和文化传统。

南方创世史诗数量较多，多与宇宙创世神话有关，在提升中华文化、增强国际传播能力建设的部署中，民族典籍翻译与研究的工作者也做出了积极贡献。例如彝族的创世史诗《梅葛》于2014年由韩国延世大学中国研究院研究

---

① 满族说部（Manchu Ulabun）是满族及其先民的民间口头叙事性长篇说唱文学，2006年5月被列入国家级第一批非物质文化遗产名录。

② 刘艳杰. 天宫大战 [M]. 沈阳：辽宁民族出版社，2021.

员罗相珍翻译,在韩国民俗苑出版社出版①。罗相珍教授对《梅葛》中蕴含的彝族宗教民俗、吟唱的场域、传承方式进行了丰富的注释,还增添了彝族节日文化、风土人情等近百幅精美照片,在韩国学界引起广泛关注,增强了韩国民俗学、口承文学界对中国少数民族文化研究的兴趣。此外,美国俄亥俄州立大学东亚语文系主任马克·本德尔(Mark Bender, 2006, 2019, 2011)也先后翻译出版了《苗族古歌》(*Butterfly Mother*)、诺苏彝族活态口传史诗《勒俄特依》(*The Nuosu Book of Origins: A Creation Epic from Southwest China*)等创世史诗,并在《哥伦比亚中国民间通俗文学选集》(*The Columbia Anthology of Chinese Folk and Popular Literature*)中对瑶族创世史诗《密洛陀》(*Miluotuo*)进行了宣传和译介。汉学家顾永光(Joern Peter Grundmann, 2022)对纳西创世史诗《崇搬图》(*Chongbantu*)中的东巴文字和东巴神话谱系进行了研究,希望更多学者能够研究和翻译我国少数民族的创世史诗。2003 年,云南美术出版社出版的《纳西纸书》②通过中英双语对照、图文并茂和东巴纸印刷的翻译和出版模式,对纳西文化和这部创世史诗进行了科普性介绍,创造性地拓展了少数民族诗歌典籍的传播路径。

壮族创世史诗《布洛陀》的壮汉英三语对照版由韩家权教授等领衔翻译,于 2018 年在广西人民出版社出版③,译著以丰富的内容向世人展示壮族先民原始信仰的宗教观、唯物宇宙观,为国外读者提供了一个认识和研究壮族历史文化和社会生活的全方位图景。拉祜族《牡帕密帕》的英文版作为国家重点出版物出版规划项目于 2020 年由云南人民出版社出版④。整体来说,创世史诗的形成与少数民族的自然环境和生活方式密不可分。南方民族自古居住在深山密林、崎岖高山与峡谷之中,大自然充满了风险和隐患,他们创作的创世史诗描绘了人们与自然的艰苦斗争和顽强的意志和勇气,代表了早期人类思维方式中本体的、神话的、原始的逻辑,它们大都是口头流传下来的,在纪念祖先、祭祀等重大活动和仪式中通过吟唱进行活态形式的流传。由于创世史诗

①　Na Sangjin. *Maegal*[M]. Seoul: Minsuyuan, 2014.

②　布鲁斯·里. 纳西纸书 [M]. 昆明:云南美术出版社,2003.

③　韩家权,等. 布洛陀史诗(壮汉英对照)[M]. 南宁:广西人民出版社,2018.

④　李昌银. 牡帕密帕(汉英对照)[M]. 昆明:云南人民出版社,2020.

内容中包含天文地理、神话传奇、谚语智慧等,堪称民间文学的宝库、民族精神的博物馆和一部部凝聚民族智慧与知识的大百科全书。

一、壮族创世史诗《布洛陀》

壮族是我国少数民族中人口最多的民族。壮族创世史诗《布洛陀》(*Baeuqroxdoh*)是一部壮族的文化密码,主要记述壮族先民口头文学中的神话人物布洛陀开天辟地、创造人类的丰功伟绩,自古以来以口头方式在今广西壮族自治区传承。大约从明代起,这部创世史诗在口头传唱同时,也以古壮字书面形式留存下来。布洛陀文化不仅影响珠江流域,在泰国、缅甸等东南亚国家和地区也影响深远,2006 年被列入国家级第一批非物质文化遗产名录。

《布洛陀》除"序歌"外,共有七篇:造天地、造人、造万物、造土官皇帝、造文字历书、伦理道德、祈祷还愿。全诗广泛叙述了各个历史时期的社会生产、生活以及宗教活动等,从天上到地上,从神到人,从宇宙天地的形成到千种万物的来历,从现实生活到宗教信仰、伦理道德等,包罗万象。透过这部创世史诗可窥见史前壮族社会的一些基本面貌,了解壮族原始先民们的生活方式和与自然、社会、家庭和谐共生、共建情况。2012 年,国内韩家权教授等首次翻译出版了《布洛陀》壮汉英三语对照版本,美国学者贺大卫(David Holm)和蒙元耀(2015)则采用逐行逐字的直译以及增加详尽的民族志注释的翻译方式英译了《布洛陀》选本《汉王与祖王》(*Hanvueng*: *The Goose King and the Ancestral King*)。2018 年,这部史诗的泰语、老挝语、越南语、缅甸语、印尼语版也相继在广西人民出版社出版。国内外的翻译实践对世界了解壮族共同的历史起源、提升对我国少数民族文化的文化自信具有重要意义。史诗所衍生的布洛陀文化成为壮族文化的重要符号,是一张联结民族文化国际交流的文化名片。布洛陀文化的形成,是传统壮族文化现代化进程中的新探索和努力,它与新形势下的文化媒介互动,在国际文化舞台中凸显了中华民族的文化身份,对文化交流发挥了重要作用(Modwel & Surajit, 2020)。

《布洛陀》英译举隅:

从前篱笆无柱桩,
从前地方无头人。

没有柱桩篱不稳，

就会倒下又散开。

没有头人作统领

人间就会乱如麻。

In ancient times there is no stakes supporting the fences,

and there is no headman serving the local folks.

Fences without stakes can't stand steadily,

and they will be easy to collapse and scatter.

If there has no headman to govern,

the world is sure to get into chaos and trouble. (韩家权, 2012：68)

十条沟渠成溪流，

十条溪流汇成河。

十条小河合成江，

十条大江汇成海，

十个大海成汪洋。

Ten brooklets joined together get a rivulet,

and ten rivulets joined together become a stream.

Ten streams joined together create a river,

at last ten rivers joined together find a sea,

and ten seas joined together make a vast ocean. (韩家权, 2012：43)

诗歌中充满排比、隐喻等修辞手法，译者在英译时通过平列结构、词语重复等对原文的句式、语势和节奏韵律进行了较好的再现。充满力量和美感的译文也对长治久安、安定团结的国家安全观和群众观进行了较好的传递。

二、苗族创世史诗《苗族古歌》

《苗族古歌》是对黔东南苗族聚居区苗族神话与迁徙史诗歌联唱形式的通称，对民族关系、苗族社会形态、婚姻家族形式、科技文化和哲学思想等进行了多个维度的叙述，是苗族传统文化的活化石。古歌共有 12 首，分为四个部分：开天辟地歌、枫木歌、洪水滔天歌、跋山涉水歌，总长约 15 000 行。在苗族神话传说中,他们的祖先把枫木作为图腾,把蝴蝶妈妈作为苗族的祖先。

马克•本德尔(2006)首次英译了《苗族古歌》,为使英语世界读者能够充分了解苗族文化,他用注释的方式将题目译为 "*Butterfly Mother: Miao (Hmong) Creation Epics from Guizhou, China*",并在每个章节的开篇都增加了苗族历史和文化背景的介绍,对诗歌内容进行详尽注释。英译本使苗族古歌在国外得到了广泛迅速的传播,是《苗族古歌》译介史上重要的里程碑(吴蓉,田兴斌,2019)。2012 年,本德尔、吴一方与葛融共同对这部苗族创世史诗进行了重译,英文名直译为 "*Hxak Hlieb: Hmong Oral Epics*"[①],采用苗汉英三语对照方式进一步对古歌内容进行了丰富,以最大限度地让读者感受到原作,理解文本,成为苗族口头文学的里程碑。马克•本德尔根据苗语将这部史诗的英译名转写为"蝴蝶妈妈",封面设计上的苗族刺绣图案也将苗族文化中的审美情趣直观地表达了出来。在序言中,译者对苗族史诗与苗族历史文化,口头文学传统与民族精神,苗族罗马化的音调表、发音规则以及演唱方式进行了概述。这些古歌的演唱通常长达数天,有两队歌手交替采用正答和反答的演唱完成,每个篇章以问题结束,以推动故事叙事情节的发展,例如在章节"古枫歌"(Song of Ancient Sweet Gum)中:

> 来看福方[②]的事吧
> 长他的没有姐姐
> 小他的没有妹妹
> 这是个什么人啊
> 来贺福方盖新屋
> 水龙聪明又善良
> 他担一篮糯米饭
> 他来一壶好米酒
> 二钱白银揣在身
> 鞭炮爆响飞烟尘

---

① 马克•本德尔,等. 苗族史诗(*Hxak Hlieb: Hmong Oral Epics*)[M]. 贵阳:贵州民族出版社,2012.

② 苗族传说中将金银打成撑天柱、铸造日月的巨人之一。

来贺福方盖新房(吴一文,今旦,2013:257-258)

A. Looking back on Fu Fang,

he had no elder sisters,

he had no younger sisters.

Who was it then

who came to congratulate him for building his new house?

B. The clever, kindhearted Water Dragon came,

carrying a quivering bamboo pole

On this end was a basket of glutinous rice,

on that end a jug of wine.

Two silver coins were tucked away in his belt;

"ka-boom-crack-crack," firecrackers exploded,

shaking the earth till the mountains trembled

and clouds of smoke filled the Sky.

Thus he sent his congratulations

for the new house that Fu Fang had made. (Bender, 2012:77)

除了史诗中描述的大量民间传说细节外,古歌还对苗族朴素的世界观进行了译介。例如有关苗族的祭祀和葬礼习俗,他们通过仪式性的歌唱来引导亡者的灵魂向东返回传说中的祖屋。如果一个村庄发生大规模的疾病或灾难,也需要请歌手唱起这部史诗中的一些片段来祛病防疫。在苗族鼓藏节等传统节日中,富有雄辩性的古歌传唱更能激起苗族人民对民族文化的自信。古歌对苗族人民的日常生活和民族服饰进行了富有想象力的描绘,把女人的细细百褶裙比作山脊,屋顶瓦片比作穿山甲的鳞片,而被太阳烤着炙热的大地比作一口沸腾的蔬菜汤锅:"The Earth looked like a bubbling cauldron of vegetable soup, and the mountain cliffs seemed like goo."(Bender,2012:66)

史诗中对少数民族的科技史也进行了拟人化的描述。例如,对金属的发现和锻造,古歌中将竹制乐器芦笙里的铜管、渔网上的铜制砝码比作铜的孩子,铁的子孙则化为刀刃。在古枫树之歌中,一块石头厌倦了日复一日地将麻草捣成造纸用的碎屑,因此吃掉了所有的纸和书,解释了古代苗族为什么没有文字流传下来。这部南方的创世史诗在表达上非常口语化,在英译本中得到了体现,本德尔详尽的尾注以大百科全书的形式揭示了苗族谚语中的智慧与哲理,"说一百句不如唱一句"(A word that is sung can equal one hundred that are spoken)。《苗族古歌》的英译向世界展示了苗族文化的多样性、灵活性和创新性(Fairlee,2011)。马克·本德尔作为美国表演理论研究的专家,深入中国民间,与民俗学家合作,将史诗的翻译与田野实证调查结合起来,将史诗的表演性以及传播中的创作者、传承者、接受者要素置于一个有机的整体中来综合衡量,在翻译中从多模态的视角保护和传承了苗族创世史诗中民族志文化语境,对其他少数民族口传文学的对外传播具有借鉴意义(王治国,2017)。

三、彝族创世史诗《勒俄特依》

《勒俄特依》作为彝族诺苏人原始性史诗和神话史诗的典型代表,是国家级非物质文化遗产,在彝语中的意思是通过口耳相传下来的历史之书,主要流传于四川省凉山彝族自治州、云南小凉山和楚雄彝族自治州境内。史诗由"天地演变史""开天辟地""阿俄署布""雪子十二支""呼日唤月""支格阿龙""射日射月""喊独日独月出""石尔俄特""洪水漫天地""兹的住地""合侯赛变""古侯谱系"和"曲涅谱系"等14大经典诗篇构成,通过对彝族先民与大自然和谐共生的描述,反映了彝族先民对美好幸福生活的向往,展示了远古社会彝族人民的民族生态、民族关系和生产生活状况,对彝族特色的祭祀盛典、婚丧嫁娶、民族服饰、民间歌舞、漆器装饰等民俗风情进行了全方位的描绘。

2014 年,云南民族出版社出版了《勒俄特依》彝汉英三语对照版本,分为"宇宙变化论""开天辟地""阿俄署布""雪族十二支""猿猴进化论""支格阿龙""射日射月""呼唤独日独月""呼唤日月""史纳俄特"和"洪水漫天地"等 11 节。2019 年,马克·本德尔教授与阿库乌雾(中文名罗庆春)教授共同完成了这部创世史诗的汉语与英语翻译,译名为"诺苏的起源:中国西南创世史诗"(*The Nuosu Book of Origins: A Creation Epic from Southwest China*)[①],在美国华盛顿大学出版社出版。译者采用团队翻译方式,同时与彝学专家、非遗传承人共同历经十年的田野调查、合作翻译实践和民族志的研究,将史诗进行英

---

① Bender,M.,A. Wuwu. *The Nuosu Book of Origins: A Creation Epic from Southwest China*[M]. Seattle:University of Washington Press,2019.

译。译者对人名和地名等术语谱系采取了彝语音译的策略,读起来和民族语言的原文相近。译文同样采取了大量的注释,200多条,此外还有150页的前言来对彝族历史进行科普,基本复原了史诗中涵盖的彝族文化全貌。《勒俄特依》翻译过程中,译者先以民族志研究者的身份来近距离观察、体验和参与史诗的演述活动,译中采用合作翻译和译后国际出版与研究的传播模式,为建构国际彝学共同体,以及少数民族的外译与传播提供了思想、方法和实践上的启示与参考(焦鹏帅,2022)。

《勒俄特依》"雪族十二支"章节英译举隅:

远古的时候,

天庭祖灵掉下来,

掉在恩杰杰列山,

变成烈火在燃烧,

九天烧到晚,

九夜烧到亮,

白天成烟柱,

晚上成巨光。

天是这样燃,

地是这样烧,

为了人类起源燃,

为了祖先诞生烧。(冯元蔚,2016:20)

In the ancient past,

a *nijju* talisman fell from the sky

fell onto Mount Ngejjiejjieli,

and started a raging fire!

The nine skies burned until night;

for nine nights burned until dawn,

by day the burning made clear spires of smoke;

by night the fires were very bright.

The sky was burning;

the earth was burning.

Burning to transform the ancestors;

burning to transform the parents. (Bender, 2019: 11)

第二节　英雄史诗

史诗描绘了理想的现实,更刻画了理想的英雄,它用极具感染力的艺术形象概括了人民宏大的历史经验(普罗普,李连荣,2000)。史诗在文体上崇高庄重,内容上包含了大量的有关英雄和他们的丰功伟绩的叙述。英雄史诗(heroic epic)同样有叙事诗和口传文学特征,既有虚构的神话和诗歌成分,又有非虚构的历史事件成分,通过宣扬英雄气概与荣耀来歌颂人与人性的力量。英雄史诗中的主人公与后代文学中普通的现实人物截然不同,总是或多或少带有一些神话色彩,或有超凡绝伦能力的英豪,他们在本民族的形成和发展中建立了丰功伟业,尤其是征服异族敌人的辉煌武功和战胜自然暴力(常化身为各种妖魔鬼怪)的除害事迹,是中外英雄史诗所共有的主题(叶舒宪,2020)。潜明兹(1996)在专著《中国少数民族英雄史诗》对藏族《格萨尔》(与蒙古族《格斯尔》属于同源分流的两部史诗),蒙古族《江格尔》,柯尔克孜族《玛纳斯》,鄂伦春族《摩苏昆》,傣族的四部史诗《厘俸》《粘响》《相勐》《兰嘎西贺》,纳西族《黑白之战》,赫哲族《伊玛堪》等的梗概与源流进行了梳理,并将《格萨尔》《江格尔》和《玛纳斯》誉为我国少数民族享誉国际的三大英雄史诗。

荷兰学者米尼克·希珀(Mineke Schipper)与尹虎彬(2004)在编纂的《中国少数民族文化中的史诗与英雄》(*Epics and Heroes in China's Minority Cultures*)一书中,认为我国少数民族英雄史诗的叙事结构和内容是有固定程式的。诞生、生命以及英雄之死总处于英雄史诗叙述的中心。编者进一步将史诗中的英雄范型划分为以下主题:英雄通常有不寻常的出身和奇异的诞生、不寻常的童年、极端困苦的经历、有获得免受伤害的特质、遇到强大的敌手、借助超自然能力、克服可怕的危险,最终登基为王等。即兴表演赋予了英雄史诗艺术上的张力,推动了史诗的传承,也为跨文化比较领域研究我国少数民族非凡的艺术遗产带来了新契机。杨艳华等(2019)在《南方史诗论》(*Studies of the Epics of Southern China*)中图文并茂地对中国少数民族的英雄史诗如《兰嘎西贺》《黑白之战》进行了译介。译者认为翻译首先应该通过非言语文化交际形式将这些文化遗产绘制下来,然后再根据语境对原文本进行有机组织,确保对民族术语的社会和文化内涵有正确的翻译和阐释,确保文化多样性、语言的原始性和诗歌的文体等有恰当的传递,因而对于少数民族史诗的翻译可采用翻译家克瓦米•安东尼•阿皮亚(Kwame Anthony Appiah)提出的深度翻译策略[①]。大连民族大学梁艳君等(2020)在译著《中国史诗》(*The Epics of China*)中对蒙古族、彝族、傣族、苗族英雄史诗中的社会背景、婚姻考验、家庭结构和战争事件等进行了详细叙述和译介,尤其对影响甚广的三大英雄史诗的源流与最新传播态势进行了梳理。美国历史学教授爱德华•劳伦斯•大卫(Edward Lawrence Davis,2005)在其编纂的《中国当代文化大百科全书》(*Encyclopedia of Contemporary Chinese Culture*)中对英雄史诗《格萨尔》《江格尔》和《玛纳斯》的流传区域及影响进行了词条式的简介,认为这些鸿篇巨制已经引起国际学者注意,相关的文献发掘、进一步翻译和影视改编,能够有力地促进少数民族文学作品的传承和传播。

一、蒙古族英雄史诗《江格尔》

蒙古族英雄史诗《江格尔》(*Jangar*)是世界上为数不多的活态史诗之一,主要叙述了江格尔等 12 名英雄收复许多部落,建立起一个统一的强国的故事。据考证,这部史诗产生于 13 世纪左右的新疆阿尔泰山一带蒙古族聚居区,至今仍在新疆各地蒙古族人民中间广为流传。2006 年,《江格尔》被列入我国第一批国家级非物质遗产名录。

《江格尔》开篇是一部优美动人的序诗,它对江格尔的非凡身世和幼年时代的业绩进行了称颂,描绘了江格尔家乡的富饶与幸福,对史诗中的主要人物、故事背景进行了介绍,深刻反映了蒙古族人民的生活理想和美学追求,是这部史诗的楔子。在口头流传过程中,演唱《江格尔》的民间艺人对史诗进行不断加工和丰富,迄今国内外已经收集到约有 60 部,长达 10 万行左右。对于"江格尔"一词的来源,有着不同的解释。波斯语释为"世界的征服者";藏

---

① 深度翻译,即 thick translation,指译者通过建构丰富的副文本(如标题、目录、插图、题献词、题记、序、注释、译后感、访谈、评论、事实性副文本),实现他者文化在目的语文化中的深度接受。

语释为"江格莱"的变体;蒙古语释为"能者"。史诗围绕着江格尔的智慧、英勇与艰苦的统一大业展开了一幅幅激励人心的国家叙事,从中我们能够对远古蒙古社会的经济文化、生活习俗、政治制度等诸多方面有更加深入的了解。在艺术风格方面,《江格尔》的民族性表现在民族语言运用与多样化的修辞手段上,运用了丰富的蒙古族民间口语,并融合穿插了蒙古族传统民歌、祝词、赞词、谚语、格言,大量采用比喻、拟人、头韵、铺陈、夸张、尾韵、腹韵表现手法。在民族精神方面,《江格尔》讴歌了一批为捍卫国土完整和自己美好家园而浴血奋战的可亲可敬的英雄形象,为史诗赋予了代代相传永不衰竭的生命力。

商务印书馆 1950 年出版的《洪古尔》[①]是我国第一部有关《江格尔》选篇的汉译本。内蒙古人民出版社 1958 年出版的《江格尔》[②]全本对这部英雄史诗的传播起到较大的推动作用。在国外,俄国文学翻译家谢苗·利普金(Semyon Lipkin,1940)翻译和出版了《江格尔》韵文体版本,里面还有多幅精美的彩色雕版印刷对江格尔等的英雄形象以及战争和游牧场景进行了描绘。欧亚史研究学者萨格拉·布达瓦(Saglar Bougdaeva,2023)的英译版《江格尔:卡尔梅克游牧民族的英雄诗史诗》(*Jangar*:*The Heroic Epic of the Kalmyk Nomads*)在美国加州大学出版社出版。序言中译者写道:"江格尔的概念把英雄的个人事迹与民族共同体的命运联结起来,是一部有关正义与荣耀的赞诗"(Bougdaeva,2003:3)。在英译过程中,译者用头韵的修辞方式,创造性地还原了史诗的修辞传统:

> Sovereign Khan Jangar
>
> Striking with his looks like a moon
>
> Silk woven robes were chosen for him
>
> Stitched by selected highborn queens
>
> Sewn only by his wife.
>
> Sixteen-year-old Khatun, armed with her scissors,
>
> Signature robes of hers made only for her loving Khan. (Bougdaeva, 2003: 38)

---

① 边垣. 洪古尔 [M]. 上海:商务印书馆,1950.

② B. A. 法夫尔斯基. 江格尔传 [M]. 呼和浩特:内蒙古人民出版社,1958.

对于蒙古族的摔跤、马术等传统体育文化,译者也采取了简洁忠实的翻译方式,从视觉和触觉维度生动地还原了蒙古人民在草原上的生活、娱乐场景和着装习俗等集体记忆。

Let's not torment our herbivorous friends.

A shoulder against shoulder

A chest against chest,

Shall we try out our hero's power,

a human gift from our mothers and fathers?

Two knights dismounted,

Tying their horses to the saddlebows,

They changed their attire.

Togya rolled the kulan skin pants

Above his knees.

Lion Khongor rolled the deerskin pants

Above his calves. (Bougdaeva, 2003:75)

该译本首次以英文呈现了中国少数民族史诗中的文化宝藏。蒙古卫拉特人的后裔卡尔梅克人是一群游牧艺术家,他们见证并用口头文学记载了历史上的一些伟大变革,他们的诗歌艺术是属于世界的文学遗产。2005 年,新疆大学出版社出版了贾木查主编的《史诗江格尔校勘新译》[①],著作对流传在中、蒙、俄三国的《江格尔》的各种文本进行了勘察,对江格尔的源流、历史背景、文化典故和人物背景进行了详注,正文共 25 章,采用合作翻译方式用汉语、蒙古语翻译了史诗的一些故事内容,用英语、蒙古语、汉语三语对照方式进行了故事梗概的译介。2011 年,潘忠明翻译的《江格尔传奇》[②]英文版在五洲出版社出版。2013 年,《中国新疆丛书》英文版 30 卷由中国与美国一些出版社合作出版,并向美国耶鲁大学图书馆捐赠收藏,其中就包括《江格尔传奇》,为世界人民进一步了解丝绸之路上的中国新疆,为不同国家人民间的友好和文化

---

① 贾木查 . 史诗《江格尔》校勘新译 [M]. 乌鲁木齐 : 新疆大学出版社,2005.

② 何德修 . 江格尔传奇 [M]. 潘忠明,译 . 北京 : 五洲传播出版社,2011.

事业架构起一座文化沟通的桥梁。

在世界文学舞台上,英雄史诗《江格尔》以蒙古语和突厥语两种形式广泛流传于卡尔梅克、阿尔泰、图瓦、布里亚特以及吉尔吉斯斯坦、蒙古国、中国等欧亚大陆诸多国家和地区。目前,《江格尔》汉语、俄语、英语等多语种的合作翻译和跨学科研究仍不断推陈出新,改编自史诗的动画电影《英雄江格尔》2016年上映,标志着这部民族史诗迈入影像时代的新尝试,也为英雄史诗的国际多模态传播探索出新的路径。

二、柯尔克孜族英雄史诗《玛纳斯》

我国少数民族柯尔克孜族,主要聚集于新疆西部,以拥有英雄玛纳斯的血统而自豪,他们的后代用最悠久的口述英雄史诗《玛纳斯》传承文化。该史诗叙述了柯尔克孜族传说中的英雄和首领玛纳斯及其后代引领人民为捍卫家园完整而英勇征战的故事。全诗共分八部,分别以该部史诗主人公的名字命名,并以玛纳斯的名字作为统称,包括"玛纳斯""赛麦台依""赛依铁克""凯涅尼木""赛依特""斯勒巴恰、别克巴恰""索木碧莱克"和"奇格台依"等。一般史诗由朗诵人(Manaschi)清唱,在一些庆典仪式和社交场合表演。这首长篇史诗记录了柯尔克孜族历史上的一些重大事件,是柯尔克孜族人民生产、生活等各个方面的宝贵史料,涉及文学、政治、历史、医药等多个学科领域,是文化传统和民族精神的结晶。柯尔克孜族和中亚国家吉尔吉斯斯坦、哈萨克斯坦和塔吉克斯坦都将《玛纳斯》视为重要的文化象征。2006年,《玛纳斯》被列入我国第一批国家级非物质文化遗产名录。2009年,经联合国教科文组织批准列入人类非物质文化遗产代表作名录。

《玛纳斯》序诗中唱道:"荒滩变成了湖泊,沧海变成了桑田,丘陵变成了沟壑,雪峰也改变了容颜,英雄玛纳斯的故事,却在一代一代相传,雄狮玛纳斯的故事,与人民休戚与共血肉相连。"这部英雄史诗的文学魅力和文化价值经久不衰,它不仅是少数民族群众喜闻乐见的娱乐方式,又为传承历史、传播知识和跨文化交流提供了丰富的资源。英国语言学家阿瑟·哈图(Arthur Hatto)(1990)最早将英雄史诗《玛纳斯》译介到了英语世界。他对德裔俄国学者拉德洛夫整理的《玛纳斯》进行重新编辑、注疏和英译,出版了《玛纳斯(拉德洛夫版)》(*The Manas of Wilhelm Radloff*),从而将这部史诗及其学术研究推向了更广阔的学术平台。哈图的译文为散文体,附录部分有约 200 页学术史式的注疏及考证。例如,在章节"英雄玛纳斯的诞生"中,译者对玛纳斯名字的来源以及与命运的关联的阐释,哈图的翻译如下:

> 看上去他是一个男孩,
> 白白的脸蛋洁白无瑕,
> 身体骨架如同玲珑的小树。
> 让人宰杀了白色的牝马,
> 贾克普为了自己的儿子
> 请来四位圣人
> 为他起名叫"玛纳斯"。
> 四位圣人纷纷前来,
> 仔细地观察孩子的面容。
> 从叶尔羌赶来的七位使者
> 美美地享受了一番喜宴的佳肴,
> 却留下一句"玛纳斯会成为一个恶魔"的话语;
> 克塔依来的四十位使者
> 享受了各种美味佳肴,
> 却说出了"玛纳斯会把克塔依消灭"的话语;
> 诺盖赶来的十位使者
> 坐下来吃饱了锅里的肉食,
> 也留下了"玛纳斯会称霸世界"的话语。
> 这位夫人琦依尔奇
> 把玛纳斯放入了雕花上漆的摇床,
> 克德尔圣人扶持着玛纳斯。
> 玛纳斯已经保全了姓名
> 在异教徒和穆斯林中间
> 玛纳斯的名字传遍四方。(李粉华,2016:50)

And now if one looks at the boy, his flesh is dazzling white as cambric, his bones are strong and shapely. He had a white mare slaughtered, Jakip-kan had four prophet-hojas name his new-born son 'Manas'. The four prophets held the boy tight and surveyed him. Seven envoys come from Yakend ate up their birthday-feast and left: 'Manas will prove a Jelmoguz!' they said. Forty envoys come from China ate their meal and went away: 'Manas will destroy China!' said they. Ten envoys come from the Nogoy sat and swallowed their meat, then left: 'Manas will be our ruin! 'they declared. That Mistress Ciyrici swaddled Manas in a painted cradle, and Kidir supported him. Manas was hidden in a hollow. Among the Infidel and the Muslim great report was heard of Manas. (Hatto, 1990:9)

哈图对史诗中的人名、地名、部落名等专有名词根据读音采用了拉丁文的转译，并在附录索引部分做了详细注解，翻译整体通顺流畅。英国诗人、翻译家瓦尔特·梅依（Walter May, 2004）则基于吉尔吉斯共和国萨恩拜·奥诺孜巴克（Sagimbai Orozbakov）的唱本将《玛纳斯》译为英语四卷本在阿歇特（Raritet）出版社出版，译本采用了诗歌文体，更大程度上还原了史诗的文学性和审美价值。2011 年,《玛纳斯故事(英文版)》（Legend of Manas）由我国五洲出版社出版 ①，译本简洁的编译方式符合当代读者的阅读节奏，具有可读性，对于向国际社会宣传我国政府对新疆等少数民族地区文化的尊重和保护具有重大意义。2013 年，玛纳斯汉译工作委员会出版了《中国柯尔克孜族英雄史诗玛纳斯》第一部全四卷的英文版 ②，译本基于柯尔克孜族民间演唱家居素甫·玛玛依演唱的 23 万行自由体诗歌翻译而成。2021 年，新疆人民出版社再次出版了八部共 18 卷的《中国柯尔克孜族英雄史诗玛纳斯》，这是首部汉文完整版的译本，为提升少数民族史诗的学术价值和国际影响力奠定了基础。

十多个世纪以来，史诗《玛纳斯》仍通过口头传统来艺术性和创造性地表现柯尔克孜族文化。英雄史诗《玛纳斯》的国际传播，能够通过国际合作翻译、舞蹈、歌剧、影视改编等跨文化和多模态翻译的阐释，来演绎史诗的核心精神，扩大读者接受域，以最生动和可信的形式向全世界推介这一民族文化瑰

---

① 　贺继宏. 玛纳斯故事(英文版)[M]. 北京:五洲传播出版社,2011.

② 　新疆人民出版社编. 中国柯尔克孜族英雄史诗:玛纳斯(第 1 部套装共 4 册英文版)[M]. 乌鲁木齐:新疆人民出版社,2013.

宝。

三、藏族英雄史诗《格萨尔》

藏族英雄史诗《格萨尔》已经有 1 000 多年历史,主要流传在西藏和中亚地区。该诗长达 60 万行,是世界上最长的史诗,有"东方的荷马史诗"之誉,2009 年被列入联合国世界文化遗产名录。格萨尔"Gesar"源自梵语,意思为"重生、新生",讲述了传说中的岭国国王格萨尔不怕艰难险阻,以惊人的毅力和超自然力降妖伏魔、除暴安良、维护公理、造福百姓的英雄业绩。史诗主要分成三个部分:第一,格萨尔降生;第二,格萨尔降伏妖魔的征战过程;第三,格萨尔返回天界。《格萨尔》篇幅宏大,堪称一座文学艺术和美学的宝库。它不仅揭示了藏族历史发展的重大阶段和社会进程,同时也塑造了众多个性鲜明、形象突出的英雄形象。

美国藏学家罗宾•康曼(Robin Kornman, 2012)等的著作《格萨尔王史诗:从诞生、幼年到加冕为王》(*The Epic of Gesar of Ling Gesar's Magical Birth, Early Years, and Coronation as King*)英译了这部庞大史诗的前三部分,包括格萨尔从天界到人间、不平凡的出生到加冕为王之间发生的一些大事件。译者遵循"源本对照、以诗译诗"的翻译原则,而译本也是首部直接从藏文文本翻译为英语的《格萨尔》史诗。在序言中,译者在论述这部史诗的重要文学和文化价值时说道:"我们的当今世界正在经历气候变化和人文主义衰退的挑战,我们比以往任何时候都更需要格萨尔王的慈悲、智慧和强大的能量。"同年,我国的五洲传播出版社也发行了改编本的《格萨尔王传(英文版)》①。与以往的韵文体译本或描述性翻译不同,降边嘉措和潘晓丽(2021)编纂的《格萨尔王史诗》(英文版)②在印度皇家柯林斯出版集团出版,译著中补充了近 200 幅印刷精美的藏族唐卡绘画,对格萨尔王从天界到人间、惩恶扬善、奋勇征战等场景进行了形象直观的呈现,让西方读者在欣赏民族艺术精品唐卡的同时,领略世界最长史诗的风采,在朝向国际格萨尔学跨学科对话、跨文化互动的道路上迈出了新的一步。

---

① 吴伟,等. 格萨尔王传(英文版)[M]. 北京:五洲传播出版社,2011.

② Jam-dpal-rgya-mtsho, Pan Xiaoli. *The Epic of King Gesar*[M]. New Delhi: Royal Collins Publishing Company, 2021.

罗宾·康曼的《格萨尔》英译版"序诗"（Prologue）部分赏析：

From *dharmata*, your unceasing compassion gave rise to
The impartial awakened mind which benefits beings.
Never abandoning that, you took the vajra-like oath,
The self-radiant one hundred points of the fourfold
manifestation of buddha activity.

Once, when perverted ambitions piled high into a mountain
Of evil merit
And pride rose up to a rocky peak of haughty arrogance,
To show the teaching of cause and effect you crushed it with
this vajra.
Greatest of heroes, supreme being, jewel tamer of enemies,
may you be victorious. (Kornman, 2012: 3)

《格萨尔王》被誉为中国版的《伊利亚特》或《奥德赛》，在亚洲一些国家和地区广为传唱。它的版本众多，在蒙古文字中也有流传，但在藏族文学传统中流传最为广泛。《格萨尔王》采取"散韵结合"的文学表达形式，呈现史诗说唱艺人口传文学中的藏族语言特点。这部史诗讲述了格萨尔王对抗邪恶力量的英勇冒险和征战历程，为了造福人类格萨尔最终选择放弃神圣的身份，他用所有的荣耀和力量守卫着藏族同胞。康曼的译文还原了史诗的梵文宫廷体风格"Kavya"（义为"诗"），正式文体与口语体并存，富有抒情性，适宜吟游诗人以特定的曲调来演唱，能够唤起人们对英雄的尊崇以及正义的道德情感。

第三节　叙事长诗

除创世史诗和英雄史诗外，少数民族还有大量歌颂爱情、劳动、风俗、理想等广阔社会生活的抒情类叙事长诗，如彝族支系撒尼人《阿诗玛》、傣族《召树屯》《线秀》《娥并与桑洛》、傈僳族《重逢调》、纳西族《鲁般鲁饶》、维吾尔族《艾里甫与赛乃姆》《帕尔哈德与西琳》、侗族《珠郎娘美》、苗族《仰阿莎》、布依族《月亮歌》、土族《拉仁布与且门索》、回族《马五哥和尕豆妹》、裕固族《黄黛琛》、哈萨克族《萨丽哈与萨曼》、达尔族《少郎和岱夫》、蒙古族《嘎达梅林》。这些长诗从不同的经济、社会和文化侧面,反映了各民族人民在不同历史时期的现实生活,提供了有关少数民族生产、生活、风俗习惯、民族性格等方面的宝贵史料。叙事长诗以口头演唱和文本流传两种形式传承。口头演唱中常伴以民族乐器,如蒙古族马头琴、彝族的口弦、哈萨克族的冬不拉、傣族的象脚鼓,因而叙事诗中常见有重迭复沓、一唱三叹的艺术表现手法,富有艺术感染力。云南教育出版社出版的《云南少数民族叙事长诗全集》①收录了彝族、白族、哈尼族、壮族、傣族、苗族等20多个少数民族的叙事长诗186部,叙事长诗的存量之丰富可见一斑,可以说几乎每一个民族都有自己有代表性的叙事长诗。这些由少数民族人民共同创造的文化精品具有深厚的历史文化内涵和较高的文学艺术价值,进一步丰富了中国和世界文学宝库,成为世界文化的共同遗产。

一、彝族撒尼叙事长诗《阿诗玛》

《阿诗玛》是我国少数民族叙事长诗的经典,目前已被译为20多种文字,在世界范围内广为流传。它是一部记录彝族撒尼社会生活的民间历史长诗,被撒尼人誉为"我们民族的歌"。长诗由撒尼先民在漫长的劳动和历史长河中,以口头相传的叙事和歌唱方式传承至今,一般在婚嫁、祭祀、劳动、节日等场合演唱。2006年,《阿诗玛》入选第一批中国国家级非物质文化遗产。最早的汉语本《阿诗玛》是由作家黄铁等文艺工作者在1952年到彝族撒尼人聚居区发掘整理的。按照故事叙事情节,这部长诗大致可分为序诗、求神、生长、议婚、成婚、追赶、考验、结局八个部分。土司热布巴拉之子阿支对阿诗玛的美貌早垂涎已久,于是派媒人前往提亲。阿诗玛父母经不住媒人的劝诱将阿诗玛嫁给热布巴拉之子阿支。阿诗玛的哥哥阿黑听闻后,遂赶到热布巴拉家要抢走阿诗玛。热布巴拉通过干农活比赛、对歌、放虎咬阿黑等考验来为难阿黑,最终阿黑通过自己的智慧和勇气从虎口中救出了阿诗玛。然而,不幸的是,

---

① 云南省少数民族古籍整理出版规划办公室 . 云南少数民族叙事长诗全集[M]. 昆明:云南教育出版社,2012.

在回家路上，他们又遭到了崖神的暗算，崖神用魔法将阿诗玛困在悬崖上，虽然阿黑奋力营救，也无法救出妹妹。富有反抗精神的阿诗玛并没有向邪恶力量屈服，她变成了"回声"与山河共存，与她的族人撒尼人共存。如今这部民间叙事诗已被改编衍生出了许多艺术形式的作品，如彝剧《阿诗玛》、花灯剧《阿诗玛》、民族舞剧《阿诗玛》和电影《阿诗玛》，这部叙事长诗的传承方式与传播渠道已然具备多模态和数字化的特征。

法国传教士邓明德（Paul Vial, 1898）在《撒尼保保的历史、宗教、习俗、语言与文字》（*Les Lolos*：*Histoire, Religion, Moeurs, Langue, Ecriture*）一书中最早译介这部长诗。1957 年，日本学者宇田礼、小野田耕三郎翻译出版了《阿诗玛》日文版。国内最早的《阿诗玛》英译本是戴乃迭（1955）在《中国文学》英文版上发表的题为"Ashima: the Oldest Sani Ballad"的译介文章，译者评论道：

> 阿诗玛既具有史诗般的宏伟，也富有浓郁的抒情气息。阿诗玛的语言简单、优美、生动。诗歌描绘了劳动人民的纯朴、纯真、善良和顽强的勇气。阿诗玛就像一座文化花园，充满了生命的各种鲜艳色彩和令人钦佩的品质。中国拥有丰富的少数民族文献；今天我们在发展创造性写作的同时，也在尽力发掘、翻译和整理少数民族的故事和歌谣，这将进一步丰富世界文学成果。（Yang, 1955：185）

英籍翻译家戴乃迭是英国牛津大学的首位中文学士，她与先生杨宪益定居到中国后共同投身于中国文学的翻译事业。1953 年，她开始担任北京外文出版社翻译部专家，通过编译或全文英译方式，在民族诗歌典籍翻译领域影响深远。1957 年，外文出版社图文并茂地出版了戴乃迭的英译版本《阿诗玛》，封面和插画具有彝族特色，由著名画家黄永玉所绘。这个英译本是以云南省人民文工团搜集整理翻译的《阿诗玛》汉译本为底本，翻译整体采用民谣体形式，忠实地还原了原诗的文体风格。译序部分，戴乃迭对彝族撒尼人的历史和文化风俗，以及这部长诗的发掘和整理过程等作了译介。2020 年，中国文学出版社出版了《阿诗玛：彝汉英日》对照版本，译者逐字逐句对照的直译方式，保持了彝文原作的艺术特色，在彝族文字旁边用国际音标做注，再用汉文注出彝文的字义，最后将单个字词翻译为英语和日语，属于首本多语种对照出版的译著。

《阿诗玛》戴乃迭英译举隅:

格格日明家,

儿子叫阿黑,

他像高山上的青松,

断得弯不得。

圭山的树木青松高,

撒尼小伙子阿黑最好,

万丈青松不怕寒,

勇敢的阿黑吃过虎胆。

大风大雨天,

他砍柴上高山,

石子地上他开荒,

种出的玉米比人壮。

从小爱骑光背马,

不带鞍子双腿夹,

拉弓如满月,

箭起飞鸟落。(黄铁等,2008:6)

Quite otherwise was Klujmin's son,

And he was named Ahay;

Like some green pine upon the hill,

He'd break but ne'er give way.

No tree grows taller than the pine:

It fears not winter's cold;

As if he'd supped on tiger's blood,

Ahay was lithe and bold.

In wind and storm he climbed the hill

To cut and gather wood;

He cleared the rocky land for crops,

His maize grew tall and good.

Ahay from boyhood rode bareback,
None sat a horse so well;
When in the chase he bent his bow,
His quarry always fell. (Yang, 1955)

阿诗玛和阿黑善良和无畏的人物形象在译文中被栩栩如生地呈现了出来,被重新赋予了生命力。译者在译文中将彝族撒尼人追求正义、勤劳勇敢的民族品格忠实地传递给了读者。译文在风格上属于民谣体,句式简洁,意味隽永,诗句优美,具有现实主义和浪漫主义色彩。

二、傣族叙事长诗《召树屯》

傣族位于祖国边疆,傣族人民居住的地方多与缅甸、老挝、越南等东南亚国家接壤,处在与周边国家进行各种交流的重要位置。《召树屯》作为傣族文学史上的一颗璀璨明珠,主要讲述了召树屯王子出生、成长、戍边和最终成为百姓爱戴的民族英雄的故事。因此,《召树屯》不仅歌颂了忠贞不渝的爱情,更是一部呈现傣族人民追求安居乐业、崇德尚礼、厚植家国情怀和稳定边疆的史诗画卷。这部长诗经岩叠、陈贵培汉译,王松、刘绮、陈贵培整理后,首次发表在 1956 年《边疆文艺》上,成为新中国成立后被译为汉文本的首部傣族文学作品。翻译家戴乃迭在担任外文出版社翻译部专家期间,将这部长诗编译为了"孔雀姑娘",使之成为西方了解中国少数民族民间文化的读物,迄今在国外著名大学图书馆和研究机构都有收藏。2008 年,傣族叙事长诗《召树屯》被列入第二批"国家级非物质文化遗产保护名录",越来越多的国外学者正被傣族文化的多样性吸引。正是因为中华文化厚德载物的包容精神,才孕育出丰富多元的民族语言文字,创造出灿烂多彩的民族文化,像《召树屯》这样的民族典籍才能历久弥新、久唱不衰,成为优秀少数民族文化的活化石。

《召树屯》源于傣族佛教典籍《贝叶经》,即刻在贝多罗树叶上的佛教通俗故事,后经傣族民间歌手"赞哈"传唱流传至今。《召树屯》是一部以爱情为主线的叙事长诗,在傣族文学史上占有极其重要的位置。全诗共有 12 个章节,分别为"诗人的歌""王子召树屯""勐董板有七个姑娘""猎人""告别"

"爱情""拴线礼""战争""灾难""追赶""到了勐董板地方""团圆"。从结构上来看,《召树屯》属于"天鹅处女型"的故事母题,即女鸟(仙女)与凡间男子相爱,历经重重考验后仍忠贞不渝,最终破镜重圆的浪漫传奇。近十年来,随着国家"文化走出去"和"一带一路"倡议的实施,少数民族典籍的重要价值重新得到重视。为扩大少数民族文化的对外交流与合作,打造具有代表性的民族文化精品,岩叠等翻译整理的《召树屯》汉译本在新时代又经历了多次出版,体现了这首傣族诗歌从少数民族的文学创作到成为中华文学的瑰宝的经过。

1961 年,外文出版社基于戴乃迭的译本出版了《召树屯》编译本,补充了画家程十发的民族重彩画,为西方读者了解傣族绚丽多姿的文化遗产打开了窗口。

20 世纪 80 年代以来,我国开启了少数民族典籍整理和研究的新时期,西南等多民族地区在少数民族文字翻译和整理方面取得了一系列重要成果。2018 年,由李昌银主编的"云南少数民族经典作品英译文库"之一《召树屯》汉英对照版出版,为扩大我国少数民族文学在世界文学舞台上的影响力谱写了新的篇章。2020 年,陈兰芳的《召树屯》英译本在武汉大学出版社出版,为保护和传承傣族非物质文化遗产,国家之间的文明互鉴、文化传播和平等交流做出了建设性的探索。2022 年,《孔雀公主传奇》(*The Legend of the Peacock Princess*)在印度皇家柯林斯出版社出版,全书只有 24 页,图书简介处写道:"孔雀公主讲述了一段神奇孔雀的美丽爱情故事,孔雀和孔雀舞象征着和平与幸福,在傣族人民心中有着特殊的意义"[①],阅读群体定位为儿童。郝会肖和任佳佳(2022)的著作《傣族叙事诗召树屯英译研究与实践》在云南大学出版社出版,马克•本德尔在序言中评论说译者对《召树屯》的翻译再现了原诗的风格,这种创新式的翻译实践,与其电影、戏剧等多模态传播形式一道,共同把中国优秀的少数民族文化推向了世界舞台。这部专著的理论部分通过多元的理论视角再现了我国文化多样和谐的民族特征,挖掘了这部非物质文化遗产具有的多模态属性,阐释了其在中华民族共同体意识建构方面所具有的隐喻

---

① Sunshine Orange Studio. *The Legend of the Peacock Princess*[M]. New Delhi: Royal Collins Publishing Company,2022.

功能。实践部分尝试采用民谣体这一诗化的语言和韵体节奏,以再现傣族诗歌的形式之美和音韵之美。著者与国内外专家学者之间的对话和合作为翻译实践的有效性做出了探索,也让外国友人共赏了我国丰富多彩的少数民族文化。总体来说,国内外《召树屯》英译主要有绘本、编译本、散文体和韵文体全译本,一代代的推陈出新都为少数民族文学的推介提供了多元化的探索路径。

在译本的文体风格层面,戴乃迭编译本最大的特色是语言的微观和细节层面以及独特的女性叙事。译文语言简洁优美,故事结构完整,保留了诗歌中的说唱特点和浓厚的傣族文化意象。戴乃迭尽量隐匿译者的主体性,对译本不加序跋和注释等副文本。编译本中大量保留了原诗的对话性等说唱文学特点,大量地以诗体的形式对典籍中的民族特性进行了呈现:

天空中最能飞的是老鹰
地上跑得最快的是金鹿
孩子的名字啊
应该叫作召树屯

那一天无风无云
蓝空里飞来七只孔雀
她们轻轻地落在湖边
又像花一样飘落到水面

椰子要十年才会结果
葵花总是向着太阳
你一定会得胜
欢乐的日子会像青松一样

The eagle is the fastest on the wing.

And the tawny deer is the fleetest of foot

So let the child be called Chaoshutun,

Which means firm and brave.

That day when there was neither wind nor cloud,

At last, gliding through the azure sky

Seven peacocks gently alighted

On the sparking water of lake,

like flowers adrift

My heart will be forever by your side

When you return triumphant

Which I do not doubt

Our days together will be as evergreen as the pine. (外文出版社,1961:8,

21)

　　整体来说,戴乃迭的编译本以节译和诗歌的形式对召树屯的出生与孔雀公主的相遇、战争、离别、磨砺、团聚的叙事母题进行了重构,把召树屯王子的心地善良、孔雀公主的优雅姿态,以及傣族女性为大家舍小家的爱国热忱和民族品格塑造得形象生动,以诗歌独特的召唤结构激发起读者情感上的共鸣和移情。译文基本采取了逐字逐行的对译,保存了原诗文体结构及生态意象,用词简洁有力,有韵式而又不过分拘泥,对傣族女性进行了形象的侧描。译文不仅在形式与风格上达到了与原诗的最佳近似度,更对抽象的文化概念进行了具体化和形象化的翻译转换。在西方文化操控全球话语权的后殖民语境下,民族艺术所承载的功能远超艺术本身,更是民族身份建构、国家认同凝聚、国家形象塑造和全球多元文化生态重塑的重要手段和路径,翻译是通向这一伟大目标的重要路径。在《召树屯》结尾处傣族人民都为王子召树屯和孔雀公主献上了美好的祝福,预示着其对国泰民安的幸福生活的憧憬。戴乃迭翻译道:"Zhaoshutun and Nanmarouna lived long and happily together. May your days be sweeter than the pineapple of Mengtungpan! "(Yang,1958:43)戴乃迭的英译在一定程度上寄托了她对人类命运共同体的关怀。2018 年,导演樊涌用傣族剪纸形式创作了《孔雀公主》动画电影,画面上美丽的孔雀公主楚楚动人,勇敢的召树屯王子英俊潇洒,还有梦幻的傣族王国、奇妙的热带雨林、生机勃勃的各种精灵,鲜活地把这部叙事长诗呈现了出来,在中缅文化交流中反响巨大,为民族文化的创新性保护与发展开辟了新路径,相信通过字幕的英译这部富有傣族特色的剪纸动画能进一步打开西方文化市场的大门。

三、达斡尔族叙事长诗《少郎和岱夫》

《少郎和岱夫》是我国达斡尔民族乌钦体①（Uchen Script）民间叙事诗经典之作，对了解和研究达斡尔族的民族历史、民族文化和民族精神都有重要意义。该长诗呈现了达斡尔族人民勇敢顽强、爱憎分明的英雄主义精神，以及达斡尔族绚丽多彩的民族文化。在长期的历史发展过程中，达斡尔族人民为反抗沙俄和日本等的入侵、巩固边疆安全做出了不可磨灭的重大贡献。少郎和岱夫是兄弟，他们共同与欺诈百姓的邪恶势力抗争，从这部达斡尔族长诗中人们能够对这个民族的历史足迹、生活习惯和文化蕴含有深刻了解。对于达斡尔人民的民族气节，诗歌中唱道："达斡尔民族的歌声多么嘹亮，古老的民族发祥在黑龙江。过着游牧生活放着牛羊，被迫迁徙来到嫩江两岸上。野蛮残暴的罗刹霸占了我们家园，血海深仇牢记心上永不忘。"宝力格（Bulag, 2022）在专著《中国边疆的蒙古人：民族共同体的历史与政治》（*The Mongols at China's Edge: History and the Politics of National Unity*）中对诗歌《少朗与岱夫》的反殖民主义的民族书写进行了论述，认为达斡尔族的历史就是寻求民族身份的历史。

2012年，张志刚等英译的《少朗与岱夫》（*Shaolang and Daifu*）由民族出版社出版，开启了这部叙事长诗国际传播的新时期。译著包括诗歌学术研究 "Everlasting Uqun: Study on Daur's Uqun" "An Epic of Daur People's Revolt against Repression" "An Introduction to Uqun Folk Singers"，还有六个章节的英文译文和专有名词索引。总体来说，这部长诗的翻译和研究还比较单一。民族文学的翻译和传播要不断向纵深化推进，需要通过科普性译介、散文体编译、韵文体翻译等多进程的翻译模式，让诗歌典籍走出民族本身的地域，真正成为各民族可共享的精神力量。

对于《少郎和岱夫》的翻译，译者团队制定了以下原则：一是传达出典籍文本内容；二是保留达斡尔族文化的特征和原貌；三是再现达斡尔族乌钦体诗歌的艺术特色；四是译文要通顺流畅，可读性强。译著采用了二四行押韵方式，还原了原诗的韵律特征。国内译者张志刚团队英译《少朗与岱夫》举隅：

---

① "乌钦"，也称"乌春"。它是达斡尔族传统的民间说唱艺术形式，被列入我国第一批非物质文化遗产名录。"乌钦"的吟诵曲调比较灵活，是讲究头韵的吟诵体韵律诗。

曲折的嫩江耶源远流长，

碧绿的草原耶辽阔无疆；

美丽的罕伯岱在嫩江岸上，

莫力根哈拉·子孙人丁兴旺

英雄的男子汉孟少郎

他弟弟孟岱夫脾气倔强；

草原和嫩江相依相傍，

患难的兄弟俩苦度时光。

The winding Nen River stood there for centuries,

The dark green grassland lay there vastly;

The beautiful Hanptai was on the Nen River bank,

The tribes' descendants had a growing family.

Shaolang Meng was a heroic and daring man,

Daifu Meng, an unbending man, was his younger brother;

The grassland and the Nen River drew near interdependently,

The two brothers shared weal and woe together. (张志刚，2012：120)

第四节　哲理诗歌

少数民族诗歌中往往蕴含着民族深层心理结构的文化密码。哲理诗歌（poetry of wisdom）往往内容含蓄，结构精炼，通过谚语、格言等形式将抽象的哲学道理、民族心理、世界观和价值观等具化于鲜明的诗歌艺术之中，为我国古代哲学宝库增添了民族智慧的结晶。从表现形式上来说，这些哲理诗既有诗歌一样的抒情美感，又反映了少数民族独特的思维方式，寓哲理性、科学性与文学性于一体。

彝族的哲学诗歌典籍《玛牧特依》和《尔比尔吉》等揭示了彝族人民为人处世所遵循的道德规范、朴素辩证法思想以及日常生活中的智慧，具有教导、训诫或讽喻的功能。在论述自然界的万物与环境之间的关系时，《玛牧特依》

中说道:"草原为了云雀的生存而存在,云雀生来就是啼鸣的;悬崖为了蜜蜂的生存而存在,蜜蜂生来就是嗡鸣的;江河为了鱼儿的生存而存在,鱼儿生来就是游跃的",表达了只有国家和谐安宁,才能保障人们生活幸福。《玛牧特依》作为一部长期流传在彝族民间的彝文诗歌经典,是千百年来彝人治政安邦、训世育人的思想源泉,对维系彝族传统社会的稳定起着重要的作用。《尔比尔吉》包括对品德作风、家庭教育、行为操守、自然生态、牧耕农活等的精辟论述。"尔比"是彝语的音译,意思是"谚语""成语""格言""警句"。

维吾尔族诗歌典籍《福乐智慧》对治国之理等哲学思想进行了系统论述,影响深远。藏族在继承吐蕃时期以来格言诗传统和汲取民间文学营养基础上,借鉴印度格言诗创作,形成了藏族独具风格的以四句七音节为基本规律的格言诗,表达了对处世哲学、人生修养、宗教哲理和生活智慧等的阐释,形成了一个具有民族特色的格言诗流派。哈萨克族《阿拜箴言集》汇聚了19世纪哈萨克社会的政治、经济、教育、文化、伦理和风俗习惯等诸多方面的人生经验。此外,傣族、壮族等诗歌中也有丰富的哲理诗篇,叙事抒情与哲理相结合,层递相进,意味携永,然而对外译介较少,值得国内外学者进一步翻译和研究,将少数民族的民族智慧与美学哲理与世界共享。

一、维吾尔族哲理诗歌《福乐智慧》

《福乐智慧》是11世纪维吾尔族诗人、思想家、政治活动家尤素甫·哈斯·哈吉甫(Yusuf Khass Hajib)用诗韵音节写成的。全诗包含6 500多个对句(couplet),它不仅承继其本族文学的精华,也受到波斯、伊斯兰文学的影响,结合诗的语言与戏剧的形式,开创了维吾尔族诗剧体裁的先河。《福乐智慧》的中心内容正如书名所示,是教导人们如何得到幸福与向善的知识。全诗塑造了四个人物形象:国王"日出",大臣"月圆","月圆"之子"贤明",大臣的族人、修道士"觉醒",分别代表了"公正""幸运""智慧""知足"四种道德和品行。全诗主要是通过四个人思辨性的对话,对安居乐业思想等进行了阐释,反映了劳动人民对建立一个和谐、和平、富足的社会的愿望。值得注意的是,除在政治、经济和社会生活方面对当时的历史现实有所描绘外,这部长诗对天文学的知识也有大幅论述。因此,《福乐智慧》以百科全书式的丰富内容,描绘了中世纪维吾尔人民的社会生活概貌,它不仅是在我国维吾尔族文学史上一座重要的里程碑，标示着维吾尔族人民为创造中华民族灿烂的古代文化所作的重大贡献，而且也是我国古典文学中享誉世界的诗歌典籍之一（陈佛松，2001）。

《福乐智慧》的文化价值很早就引起了国际学术界的关注，美国学者罗伯特·丹柯夫（Robert Dankoff，1983）最早将《福乐智慧》（*Wisdom of Royal Glory*：*A Turko-Islamic Mirror for Princes*）译为英文，促进了这部哲理诗歌的国际传播。丹柯夫的译本包括序言、导言和正文（共 85 章）、附录、注释等部分，其中导言部分长达两万字，对这部诗歌的创作时期、诗歌中的民族文化和哲学思想进行了概述。译文同时从修辞学角度对土耳其译本中的一些错误进行了修正，让原本在流传中语义模糊的对句表意更为清晰和深刻。迈克尔·迪林（Michael Dillon，2004：11）在著作《新疆：中国西北地区的穆斯林》（*Xinjiang*：*China' Muslim Far Northwest*）一书中写道："尤素甫·哈斯·哈吉甫于 1069 年在喀什写成的《福乐智慧》，被翻译家罗伯特·丹科夫译为'君王的镜子'，是一部用自己的哲学观点阐述国家机构和社会道德标准的指南。"土耳其译者夏雅·阿斯兰（Havva Aslan，2014）英译了《福乐智慧》的部分内容，书名用直译方式保留了这部诗歌典籍的维吾尔读音"Kutadgu Bilig"，全书仅 48 页，用散文体形式简要地对这部诗歌的文化历史和主要内容进行了译介，并对有关暴力、法律等的智慧诗句进行了英译，具有一定的科普价值和可读性。

《福乐智慧》中深刻地揭示了少数民族人民对和平的祈愿，以及对和而不同思想的拥抱。在第五章《论七曜和黄道十二宫》中，诗人写道：

> 上天以敌制敌，从而了结了怨仇。
> 敌对的双方和睦相处，不再仇视，
> 消弭了仇恨，再也不去你争我斗。
> 万能的真主将它们一一纳入轨道，
> 使它们井然有序，各按正道行走。
> 如今再让我讲一讲人类的事情，
> 人的价值须从聪明才智中寻求。

罗伯特·丹柯夫翻译的《福乐智慧》是目前唯一一部英文全译本，为西方学者深入研究诗歌中的具体内容、哲学价值、语言和语音特征、诗歌韵律、文学传统、维吾尔族历史与文化等奠定了深厚基础。国外众多有关《福乐智慧》的学术研究成果都是以丹柯夫的译本为定稿，并将《福乐智慧》土耳其译本作为土耳其文学经典。随着我国民族出版社出版了郝关中等合译的《福乐智慧》汉译全本①，《福乐智慧》在国内的研究也取得了丰硕成果，然而国内的英译实践还未展开。

罗伯特·丹柯夫英译《福乐智慧》赏析：

Be hot and hasty and you'll get

Regret and sorrow;

Be calm and cool and you'll become

A prince tomorrow (Dankof, 1998: 58)

《福乐智慧》中提出人的性情有四种颜色：红、黄、白、黑，只有有了适当的饮食和行为习惯，一个人才能提升自己的修养，维持一个稳定的健康的身心状态，表明维吾尔族人民对医学和心理学之间的联系已经有科学和系统性的认知，并且这些哲学和医学思想随着这部诗歌典籍的传播传播开来。丹柯夫的译文如下：

Hearken to the words of the physician, my lamb

The bodily humors I recount; red blood, white phlegm, yellow bile, and black.

They are enemies each to each: when one advances drive it back.

In order to keep one's natural humors in balance

One must eat only what agrees, and this requires the exercise of intellect

This, my son, is what distinguishes man from beast

So heed these words of the wise greybeard, and do not remain a savage.

If a man reaches forty and does not know his own natural humor,

then he is wholly a beast, albeit he may speak. (Acar, 2019: 465)

---

① 郝关中,刘宾,张宏超. 福乐智慧[M]. 北京:民族出版社,2003.

二、藏族哲理诗歌《萨迦格言》与《国王修身论》

藏族诗歌历史悠久,在文字诞生前以口头诗歌形式流传。到 7 世纪藏文创制后,藏族诗歌开始以书写形式传承。13 世纪末,藏传佛教萨迦派大师雄顿·多吉坚赞将印度作家檀丁的《诗境论》译为藏文,推动了藏族诗歌创作的发展,并逐渐形成了藏族的诗歌创作理论。佛学家萨班·贡嘎坚赞创作的《萨迦格言》被誉为藏族格言体诗歌的开先河之作,也被称为藏族人民的《论语》。格言诗是藏族哲理诗歌的一种重要表现形式,它在藏语里被称为"勒谐",义为"善言",主要是宣扬人生的处世哲理,成为藏族人民警世育人的教科书。藏族格言诗在文体上一般采用四行一段的民歌体,前两句为喻,后两句指实,通过融入民间传说、成语典故等,来传达社会生活中的道德规范和修行方法等。

自 20 世纪 50 年代,王尧 [①] 和次旦多吉 [②] 等先后汉译了《萨迦格言》节选本。美国东亚语言与文化研究教授詹姆斯·薄森(James Bosson, 1969)在美国印第安纳大学出版社出版的《格言警句集锦:藏文和蒙文版萨迦格言对比》(*A Treasury of Aphoristic Jewels*:*the Subhāṣitaratnanidhi of Sa skya Paṇḍita in Tibetan and Mongolian*),则是国外第一部《萨迦格言》散文体英文全译版。近年来,美国智慧出版社又出版一部《萨迦格言》英译本,由约翰·达文波特(John Davenport, 2000)等人合作翻译,书名意译为"*Ordinary Wisdom: Sakya Pandita's Treasury of Good Advice*"(平凡的智慧——萨班箴言宝库)。约翰·达文波特是一位水资源开发专家,曾在西藏工作,担任援助顾问,对藏族文化非常感兴趣。在译序中,达文波特提出《萨迦格言》能够带给读者智慧,帮助西方读者了解西藏的历史和文化、佛教的哲学以及一些普遍的道德规范。它通过文学的表达模式,呈现了西藏人民传统的世界观、宗教文化和哲学思想。

《萨迦格言》不仅是文学史上里程碑式的贡献,在逻辑学、伦理学和民俗学领域的学术价值也引起国内外学者对这部哲理诗歌典籍的进一步研究和翻译。2009 年,中国藏学出版社出版《萨迦格言》藏汉英三语对照本,其中英译

---

① 萨班·贡嘎坚赞. 西藏萨迦格言选 [M]. 王尧,译. 西宁:青海人民出版社,1958.

② 萨班·贡嘎坚赞. 萨迦格言 [M]. 次旦多吉,等,译. 拉萨:西藏人民出版社,1985.

部分采用的是达文波特的英译本。李正栓(2013)在《藏族格言诗英译》中将《萨迦格言》译为英语，译文严谨准确，汉英对照，语句通俗流畅，忠实地传达了原意，令读者听之入耳，思之入心，赏心悦目。译者的翻译目的是保持民族文学和文化的民族性，让民族诗歌典籍翻译成为东西文化交流的一种软外交方式。翻译家汪榕培称赞这部译著是国内首次对藏族格言诗英译的尝试，是我国少数民族典籍翻译的一次成功实践的典范。

例如，《萨迦格言》第208首揭示了骄傲对人的情感所带来的灾难性影响，这部分诗歌的英译如下：

国王夸耀自己的权势
是自取灭亡的根由；
将鸡蛋抛向天空
除了粉碎没有什么结果

Excessive praise of an evil king's status
Eventually will lead to his destruction.
When an egg is thrown up into the sky,
What else can happen than for it to break? (Davenport, 2000)

If a king boasts of his high power,
It is the root of self-destruction.
If an egg is thrown up into the sky
As the only result, it will be broken. (李正栓, 2013:56)

《国王修身论》是藏族另外一部格言诗的长篇巨著，全诗有1 000多段，分为21个章节。学者米庞嘉措(1846—1912)收集了大量藏族学者和古印度学者关于治国理政的丰富论述，结合自己对藏族社会文化生活的观察著成此格言诗。全诗包括社会公义、修身养性、处世哲学、对待百姓、处理政务、制定策略等多个维度，系统地论述了社会治理的施政方针和道德规范的必要性和重要性。印第安纳大学的劳兰·露丝·哈特利(Lauran Ruth Hartley, 1997)在其学位论文《十九世纪晚期德格土司社会历史研究：联盟与权力的鸟瞰视角》(*A Socio-Historical Study of The Kingdom of SdeDge (Derge, Kham) in the Late Nine-*

teenth Century：*Ris-Med Views of Alliance and Authority*）中英译了《国王修身论》的部分诗节，开启了这部哲理长诗在西方世界的传播。这部诗歌典籍对同情心、公义、自我修行和美德的重视进一步引发了国内外学者和译者的关注。

美国藏传佛学专家何塞·伊格纳西奥·卡贝宗（José Ignacio Cabezón，2017）基于不丹版本的《米庞嘉措文集》对全诗进行了英译，书名为《国王的公义：藏传佛教道德生活教义》（*The Just King*：*The Tibetan Buddhist Classic on Leading an Ethical Life*）。译者试图保留原诗的诗句结构，从而呈现这部作品的一些诗性特征。译本中诗节之间的停顿是译者自己划分的，藏文中没有停顿的划分。对于一些民族文化专业术语，译者采取了解释性注释，去阐释背后的典故或神话的互文性。对于这部格言诗的道德价值，译者在译序中写道："尽管这部格言诗集的写作对象是国王，但它仍有普世价值，它对拥有权力和地位或者独居的人都是有益的日常教诲。"例如，卡贝宗的格言诗译文中说道：

Even those who live alone without companions

should engage in self-cultivation based on the Dharma of kings

When one trains one's mind to care for living beings,

one eventually becomes a Dharma king oneself.

Therefore, even when those who study these texts

are not of royal blood,

their good qualities will definitely give them dominion

over a royal kingdom. (Cabezón, 2017: 232)

近年来，李正栓等（2017）翻译的《国王修身论》（*Moral Cultivation of Kings*）藏汉英三语对照版本也在尼泊尔天利出版文化公司出版，属于国内的首部英译本。李正栓（2020）在专著《藏族格言诗英译研究与实践》实践篇中进一步收录了《国王修身论》21章节的英译。译者在翻译中遵循重视对等的翻译原则，尤为重视国家形象的塑造和民族身份的建构，努力保持少数民族文化的原汁原味，对进一步推动藏族文化国际宣传和传播，对促进民心相通和构建中国形象起到了重要的作用。例如，对第一章"自律"（Self-control）第3首的翻译：

不懂就学取舍有方，

认真执行法律规章

国王贤明百姓安乐

国王暴虐百姓遭殃。

To educate the ignorant, the king upholds the principles of ethics using proper laws.

When a ruler is good, living beings will be happy;

when a ruler is evil, the retinue and subjects are bound to suffer. (Cabezón, 2017: 5)

Learn new things and choose wisely

Implement laws and regulations earnestly

A wise king brings people ease and peace

A brutal king brings people woe and misery (李正栓,2020:238)

通过以上译文对比发现,李正栓教授译本尝试用与原文本相同的行数来呈现每一节,语言简洁,更富有韵律,读起来朗朗上口,能够让读者体会格言诗如箴言般的劝导功用和警世的作用,使不懂藏语的读者更能了解藏语文学的文体风格,在准确传达文意的基础上实现形式和功能上的对等。

拓展阅读:口头表演传统

Oral-Performance Traditions

The term "oral performance" covers traditions of live performance—whether telling a folk story, singing a ballad, or enacting a ritual or folk drama. In the ideal of pure "oral tradition" a text has no identifiable connection to writing or written traditions and is handed down and performed wholly by oral means, which may include not only the spoken or sung word but also conventionalized paralinguistic sounds and gestures. In this conception, oral tradition consists of those works of verbal art that exist (at least before someone records them) as ephemeral performances, recast from memory and made meaningful in each act of performance. From a scholarly perspective, these oral texts typically show variation among performances (sometimes quite radical) but still involve the recreation of part of a certain set of consistent elements in each performance. In some situations, such as in the antiphonal folk song traditions, the folk audiences expect competent innovation in the combination and recombination of traditional images, rhyme schemes, and sometimes even schemes of linguistic pitch tones (many languages in China are tonal, employing several distinct tones, as in the four tones of Mandarin). In other cases, as with some folk rituals, a greater degree of sameness (or at least a perceived degree of sameness) is expected among recitations of lyrics and accompanying actions. Examples in this volume of oral traditions that historically have existed without the factor of writing include most of the folk song traditions, folk stories, and some of the epic, ritual, and dramatic texts.

In many situations, however, a range of influences from written traditions and other media may come to bear on orally performed material. For instance, memory aids in the form of complete written scripts, skeletal plotlines, or notes are reviewed, rehearsed, or meditated on by many professional storytellers in China before taking the stage or storytelling platform—helping to refresh already internalized plots and circumstances. This situation may exist even with storytellers who were initially taught the elements of their craft by listening to and imitating a master's live performances without access to notes or a script. Unless a song or story has intentionally been memorized word for word from a script, writing-enhanced performances are still subject to creative modification in the act of performance and may exhibit considerable variation among performances. In other cases, printed matter may be consulted for ideas, images, or plots. For example, in the early 1980s a popular series of volumes of short love songs, categorized as the steps involved in the antiphonal song courting process made thousands of song motifs readily available to singers throughout the rural areas of Guangxi, in the southwest. Because of such differing situations, we employ the term "oral performance" to cover both "uncontaminated oral tradition and other types of enacted, orally delivered traditions of performance."

(Selected from Mark Bender. *The Columbia Anthology of Chinese Folk and Popular Literature*[M]. New York: Columbia University Press, 2011.)

第三章
少数民族民间文学英译与传播

　　少数民族地区蕴藏着众多的民间传说、故事、寓言、诗词等文学作品,它们多是记载少数民族普通民众的生活和美好理想,充满浪漫传奇色彩,内容也极富地域性。英国东方学家弗雷德里克·威廉姆·托玛斯(Frederick William Thomas,1957)在《西藏东北部古代民间文学》(*Ancient Folk-Literature from North-Eastern Tibet*)一书中翻译了古代藏族民间文学中的 28 个经典故事。这些民间故大部分来自藏族人民的文化记忆,传达了藏族人民传统的游牧生活体验,从中可以窥见游牧民族热情好客和奔放的民族性格,体会他们在迁徙中的不易。和世界其他地方的民间故事一样,它们也包括动物寓言、家庭故事、道德教诲等趣闻轶事,这部民间文学作品的英译让世界上的读者一睹藏族文化的风采,深入了解藏族文化传统。

　　美国学者袁海旺(2008)在《孔雀公主:中国少数民族的故事》(*Princess Peacock*:*Tales from the Other Peoples of China*)中对我国少数民族的语言、建筑、服饰、宗教、习俗、节日、表演和美术等文化进行了概述,并对彝族阿诗玛、壮族刘三姐、傣族孔雀公主等传说故事进行了译介,图文并茂,补充了地图、插画、文学术语表等丰富的民族志信息,填补了译语读者的认知缺失。2017 年,美国海马图书出版公司(Homa & Sekey Books)出版了由翻译家任溶溶主编的《中国民间故事宝库》英文两卷本①,共收录了 20 篇不同少数民族的民间故

---

① Rongrong Ren. *Chinese Folk Tales*[M]. Paramus:Homa & Sekey Books,2017.

事,包括《召树屯》(傣族)、《阿凡提的故事》(维吾尔族)、《金芦笙》(苗族)和《干海子》(羌族)等。这些少数民族民间文学作品反映了不同的少数民族历史和文化,蕴含着丰富的历史知识和深厚的民族感情。作为中华文化不可或缺的一部分,它们在对外传播过程中闪烁着永恒的艺术魅力。

第一节 民间故事:维吾尔族《阿凡提的故事》

"阿凡提"是维吾尔族口头文学中一个机智、勇敢、幽默风趣的人物形象,他的本名是"纳斯列丁",也就是"老师"或"先生"的意思。"阿凡提故事"在新疆民间广为流传,主要内容均是阿凡提与欺压老百姓的地痞无赖、巴依老爷、伯克大人、国王等人斗智斗勇的故事。阿凡提作为文学形象自 10 世纪起源于阿拉伯文化以来,在土耳其文化、波斯文化和中亚文化中都有流传。阿凡提的故事传入中国新疆后,其人物形象也更具地域性和民族品格,逐渐变成了为人正直和乐于助人的民间英雄形象。1955 年,《民间文学》上刊载了《萨斯尔丁·阿凡提的故事》,自此阿凡提这个维吾尔族文学形象开始在国内有了更为广泛的传播。密苏里州立大学于宗琪(1991)的硕士论文《阿凡提的 101 个笑话》① 精选了 100 多个与阿凡提有关的故事译为英文,并根据斯蒂斯·汤普森的《民俗文学母题索引》(*Motif-Index of Folklore-Literature*)和阿恩·汤普森的《民间故事类型》)(*The Types of the Folktale*)中的相关比较文学理论,将阿凡提的故事置于世界民间文学的范围之内。阿凡提作为中国少数民族中的智者形象,已引起国外学者的广泛注意。

俄罗斯学者阿列克谢·D. 沃斯克列森斯基(Alekseĭ Dmitrievich Voskresenskiĭ, 1997)在其编译的《中国民间寓言与趣味故事集》(*Cranks, Knaves and Jokers of the Celestial: Chinese Parables and Funny Stories*)一书中英译了阿凡提的一些故事,译文贴近其口头传统,表达了幽默也是中国文化的一部分,能够在跨文化沟通中拉近与不同国家之间的距离。如关于故事《金钱与正义》,沃斯克列森斯基的翻译如下:

---

① Yu Zongqi. One Hundred Jests of Afanti[D]. Springfield: Southwest Missouri State University, 1991. 此处为音译。

一天,国王问阿凡提:"阿凡提,要是你面前一边是金钱,一边是正义,你选择哪一样呢?""我愿意选择金钱。"阿凡提回答。"你怎么了?阿凡提,"国王说,"要是我呀,一定要正义。金钱有什么稀奇?正义可不是容易找到的啊!""谁缺什么就想要什么,我的陛下。"

Once the ruler asked Afanti: "If you see money on the one side, and nobleness on the other side, what would you choose?" "I'd choose money," Afanti answered. "What a greedy man you are!" the ruler said. "As for me, I'd choose nobleness. Money is not a rare thing, but it is so difficult to find nobleness!" "Everybody looks for what he lacks", Afanti responded. (Voskresenskiĭ, 1997: 33)

译文深入浅出、生动活泼、诙谐有趣、哲理性强,将阿凡提的机智与幽默完整展现出来,适合普通读者阅读,有助于推动阿凡提的故事成为享誉世界的民族文学经典。阿凡提系列木偶动画也作为中国动画片的经典在西方大受欢迎,故事基于维吾尔族民间关于阿凡提的传说故事,植根于新疆生活的土壤之中,经过新疆维吾尔族等人民的共同创作,具有鲜明的民族特征。主人公阿凡提身上已看不到历史上 10 世纪纳斯列丁的域外痕迹,是少数民族人民集体智慧的结晶。译者也通过讲述阿凡提的故事,让世界看到维吾尔族是一个非常推崇语言的哲学与价值、喜爱幽默的民族。(图 3-1)

图 3-1　阿凡提木偶故事,1981 年

第二节　历史与文学经典：蒙古族《蒙古秘史》

　　《蒙古秘史》是一部反映蒙古族 13 世纪至 14 世纪中叶历史的文学巨著，重点讲述了成吉思汗历尽艰辛，统一蒙古各部落及建立繁盛的大蒙古国的历史。全书共 12 卷，部分用散文写成，部分用韵文形式写成。它是蒙古族第一次用自己的语言写成的文学巨著，包含了大量的民间文学类型，如民间传说、族谱、宗教诗歌、谚语、戏剧、祝词赞词、格言、法律法规和仪式演讲。《蒙古秘史》不仅为世人留下了珍贵的史料，而且用诗的语言描绘了蒙古族的生活风俗，是了解蒙古族的一部百科全书，堪称世界文化宝库中的一枚珍宝。

　　美国哈佛大学出版的弗朗西斯·伍德曼·柯立甫（Francis Woodman Cleaves, 1982）教授英译的《蒙古秘史》（*The Secret History of Mongols*）是第一个纯学术性的译本，对历史学家、汉蒙学家、阿尔泰语言学家以及对比较文学和中亚民间传说感兴趣的学者来说都是珍贵的学术资料。成吉思汗不仅是一位军事天才，也是一位伟大的政治家和外交家。英国剑桥大学蒙古族学者乌尔贡格·奥侬（Urgunge Onon, 1990）的全新翻译在忠实原文同时，对蒙古族的军事和社会状况、宗教和哲学进行了概述和评论，全书注释详尽，在序言部分译者用 36 页的篇幅对这本书形成的文化背景和历史背景进行了学术史溯源，对蒙古文化的国际推广和宣介发挥了巨大作用。

　　近 10 年来，国外对《蒙古秘史》的翻译与研究活动日益活跃。荷兰博睿学术出版社出版了澳大利亚蒙古学家罗依果（Igor de Rachewiltz, 2004）的英译本，名为《蒙古秘史：十三世纪蒙古史诗编年史》（*The Secret History of the Mongols：A Mongolian Epic Chronicle of the Thirteenth Century*），译者对民族语言和民族文化的挖掘与诠释更加深入，以民族性为目的的民族文化特色翻译日益凸显。翻译家亚瑟·韦利（Arthur Waley, 2008）在《蒙古秘史与其他典籍故事》（*The Secret History of The Mongols & Other Works Paperback*）中编译了《蒙古秘史》的主要故事框架，用散文体讲述了这段史诗般的战斗传奇，讲述了其中的博爱与正义主题。韦利认为这是一部讲故事的杰作，充满了象征意义的民间传说，他的编译将吸引更多的学者和普通读者。美国蒙古学专家克里斯托弗·阿特伍德（Christopher Atwood, 2023）的英译版在企鹅经典出版社出版，被认为是一部具有里程碑意义的翻译作品，是一部适合当代读者的译本。该书绪论部分分别介绍了《蒙古秘史》的影响与传承、《蒙古秘史》的世界、编纂史、题材以及蒙古族术语与翻译，正文部分从成吉思汗的出生、青年、早年征战、成吉思汗与王可汗、蒙古统一、新国土疆域、对外扩张、成吉思汗与窝阔台汗国等8个章节勾勒了成吉思汗一生的丰功伟绩。在后记中，译者对《蒙古秘史》的翻译和传播作了概述，追溯了这部历史与文化典籍在世界文学舞台上的新进展。此外，克里斯托弗·阿特伍德（1986，2004）还著有《蒙古与内亚研究卷》（*A Collection of Books on Mongolia and Inner Asia*）和《蒙古人与蒙古帝国大百科全书》（*Encyclopedia of Mongolian and the Mongol Empire*）。他精通古典与当代蒙古语、古代与当代汉语、法语、日语、俄语、拉丁语，能够进行藏语、满语阅读，多元的语言背景和学术经历让译文展示给世界读者一个更加丰富和广阔的蒙古族文化和生态图景。

《蒙古秘史》第117节英译赏析：

（铁木真、札木合）说：

"听以前老人们说：'凡结为安答的，就是同一条性命，不得互相舍弃，要相依为命，互相救助。'互相亲密友爱的道理应当是那样的，如今（咱俩）重申安答之谊，咱俩要互相亲密友爱。"

铁木真把从蔑儿乞惕人脱黑脱阿处掳掠来的金腰带，送给札木合安答系在腰上，把脱黑脱阿的多年不生驹的海骝马，送给札木合骑上。札木合把从兀洼思蔑儿乞惕人答亦儿兀孙处掳掠来的金腰带，送给铁木真系在腰上，把答亦儿兀孙的有角的略带灰黄色的白马送给铁木真骑上。

> 在豁儿豁纳黑草原上，
> 在忽勒达合儿山崖前，
> 在枝叶茂盛的大树下，
> 彼此互称安答，
> 互相亲密友爱，
> 举行盛宴相庆，
> 夜间同衾而眠。

柯立甫英译：

Temüjin and Jamuya, saying unto each other, "Hearing the word of the former elders, saying, '[As for] persons [which are] *anda*, [their] lives [are] one. Not for saking one another, they are [the one for the other] a protection for [their] lives,' [one seeth that] such [is] the manner whereby [the *anda*] love each other. Now renewing again [the oath of] *anda*, we shall love each other," Temüjin made to be girded unto *Anda* Jamuya the golden girdle which he had taken in spoiling Toyto'a of the Merkid. He suffered to be ridden by *Anda* Jamuya Toyto'a's yellowish white [mare] with black tail and mane and barren for several years. Jamuya made to be girded unto *Anda* Temüjin the golden girdle which he had taken in spoiling Dayir Usun of the Uuas Merkid. He suffered to be ridden by Temüjin the kid [colored] white [horse] and which had a horn, also of Dayir Usun.

At the front of the Quidayar Escarpment of the Qorqonay Valley, at the Branching Tree, declaring themselves anda, loving each other, banqueting and feasting, they rejoiced and, at night, in their covering they passed the night together alone. (Cleaves, 1982: 49)

奥侬英译：

In earlier days, old men used to say, "Men who are sworn brothers [share] one life. They do not abandon each other but become protectors of that life." Thus [Temüjin and Jamuqa] loved each other. Renewing their bond of brotherhood, they said, "Let us love one another." While looting the Merkit Toqto'a, Temüjin had obtained a golden sash that he made his sworn brother Jamuqa wear. He [also] gave [Jamuqa] Toqto'a's horse, a fawn stallion with a black mane and tail. Jamuqa made his sworn brother Temüjin wear the golden sash that he had looted from Dayir-usun of the Uwas-Merkits and also gave him Dayir usun's horse to ride. It was white [like] a kid and had a horn.

The [two men] swore their brotherhood and their love [for one another] at the Saqlaqar Tree on the southern side of the Quldaqar Cliff in the Qoronaq Forest. They enjoyed a feast, followed by more feasting. At night, they slept together under one quilt. (Onon, 1990: 98)

罗依果英译：

They said to each other, "Listening to the pronouncement of the old men of former ages which says: 'Sworn friends—the two of them Share but a single life; They do not abandon one another: They are each a life's safeguard for the other. We learn that such is the rule by which sworn friends love each other. Now, renewing once more our oath of friendship, we shall love each other.'" Temüjin girdled his sworn friend Jamuqa with the golden belt taken as loot from Toqto'a of the Merkit. He also gave sworn friend Jamuqa for a mount Toqto'a's yellowish white mare with a black tail and mane, a mare that had not foaled for several years. Jamuqa girdled his sworn friend Temüjin with the golden belt taken as loot from Dayir Usun of the U'as Merkit, and he gave Temüjin for a mount the kid-white horse with a horn, also of Dayir Usun.

At the Leafy Tree on the southern side of the Quldaqar Cliff in the Qorqonaq Valley they declared themselves sworn friends and loved each other; they enjoyed themselves revelling and feasting, and at night they slept together, the two of them alone under their blanket. (Igor, 2004: 42)

迄今国外已经有五位译者出版了《蒙古秘史》英文全译本 ①，其中译者柯立甫与奥侬的都有广泛的蒙古学研究或游历经历，民族术语的英译原汁原味，

---

① 五个译者及其译作分别如下：弗朗西斯·伍德曼·柯立甫与他的译作《蒙古秘史》（Cleaves，W. C. *The Secret History of the Mongols* [M]. Cambridge: Harvard University Press，1982）；保罗·卡恩（Paul Kahn）的编译作品《蒙古秘史：成吉思汗的起源》（Kahn, P. *The Secret History of the Mongols: The Origin of Chingis Khan* [M]. Boston: Cheng & Tsui，1998）完全用诗体形式重写了这部史诗；罗依果的《蒙古秘史：十三世纪蒙古史诗编年史》（Rachewiltz, I. D. *The Secret History of the Mongols: A Mongolian Epic Chronicle of the Thirteenth Century* [M]. Leiden: Brill Academic Publishers，2004）；乌尔贡格·奥侬与他的两个编译本：《成吉思汗的历史与一生》（Onon, U. *The History and the Life of Chinggis Khan* [M]. Leiden: E. J. Brill，1990）和《蒙古秘史：成吉思汗的一生与时代》（Onon, U. *The Secret History of the Mongols: The Life and Times of Chinggis Khan* [M]. Surrey: Curzon，2001；克里斯托弗·阿特伍德的《蒙古秘史》（Atwood, C. *The Secret History of the Mongols* [M]. London: Penguin Classics，2023）是最新译本。

民族性得到较好的保留,译文整体比较有学术性,忠实原文,注释详尽,文风古朴,是了解和研究蒙古文化的经典之作。罗依果的译文则更接近现代整体性阅读体验,去掉了原本在圆括号或方括号里的一些解释性的字词,对韵文部分的翻译句式也更加整齐,朗读起来颇有诗情韵味和节奏感。总之,在国外一批蒙古学家的推动下,这部蒙古族的历史与文学经典被越来越多的国外学者与读者熟知,对它的研究与复译使我国的民族典籍历久弥新,在世界文学舞台上保持着生机与活力。因此,对《蒙古秘史》的更多翻译是必要的,因为未来民族典籍的读者越来越多样化,学者可以通过学术化的译本进行民族志的研究,将其作为重要的文献学著作,而改编或者编译本更适合普通读者与学生,适合扩大民族典籍域外的接受阈。

第三节 民族竹枝词:云南竹枝词与黔苗竹枝词

竹枝词是一种民歌体的乐府诗,其特点是"咏风土、纪时事"。在一些少数民族地区,竹枝词的民间诗歌形式与少数民族生态景观融合,形成了汉文化与少数民族文化和谐共生的文化形态。在域外传播中,少数民族竹枝词也吸引了国外学者的研究兴趣。首先,"Bamboo branch"(竹枝)这一文化符号在域外传播中得到了最大程度的保留,凸显了中华传统民俗文化的独特魅力,对国外学者和读者产生了一定的吸引力。其次,对于"竹枝词"这一文类的理解,则出现了多样化的译名形式。西方多数译者较为注重竹枝词的表演性和音乐效果,因此采用适应性策略将其意义转述为"song"(歌)、"lyric"(曲)和"tune"(调)等,以期能融入西方读者的先在理解结构和文化立场,让异域文化在目的语中得到重构,获得目的语读者的情感共鸣。还有部分译者从译本语言出发,对竹枝词进行了诗学阐释,以"poem"(诗)、"verse"(词)和"rhymes"(律)等译名形式肯定了其文学性和思想性;少数译者则挖掘了其背后涵盖的文化含义和民间性特征,将其译为"ballad"(谣)等,不仅表达了传统民间歌谣的诗性、现实主义和讽喻特征,也以民间文学的话语传递了平民大众的审美倾向和价值导向。

少数民族竹枝词对明清以来聚集在我国边陲等地各民族政治、经济和文化等状况都有所描绘,堪称中国文学史上以诗歌形式大量反映少数民族社会历史与精神风貌的一座丰碑。明朝初年,竹枝词传播到滇中地区,流寓诗人杨慎、施武和本土"布衣诗人"郭文等开始以边疆山川风物为题材,对少数民族多样性的民俗形态进行了书写,为研究明清以来云南各民族的社会历史和民族关系等提供了重要的史料。《滇南诸夷译语竹枝词》一书便对云南一些少数民族支系的生活习俗、价值取向、语言环境、饮食习惯和服饰特点等进行了详细的描述,堪称反映少数民族人民生存史与生活史的活化石。到清代时,以少数民族和云南名胜为描写对象的云南竹枝词获得了前所未有的繁荣和发展。清代张履程的《云南诸蛮竹枝词》、清代牛焘的《丽江竹枝词》和民国时期柯树勋的《西双版纳竹枝词》等都是呈现滇地民族原生态文化景观的诗歌经典集成。云南竹枝词以其特有的文学审美价值、文化价值和文献学价值,构成了中华民族悠久历史上一幅绚丽的民俗画卷。

波兰中国古典诗研究学者查义高(Igor Iwo Chabrowski)在翻译甘丙昌《渝州竹枝词》时,以诗体的形式对竹枝词浓郁的民族特性进行了呈现:

挂子船高夫纤多,
珠帘绣柱响梆锣。
滇黔几日铜铅到,
齐唱宏衣得宝歌。

A crowd of men suspended high from the boat,

they are like strings of beads moved by the sound of a gong.

Lead and copper from Yunnan and Guizhou arrive in a few days,

Their magnificent signing equals a precious robe. (Chabrowski, 2015: 109)

译文基本采取了逐字逐行的对译,保存了原诗文体结构及"梆锣"(gong)、"铜铅"(lead and copper)、"船夫"(men suspended high from the boat)等意象,用词简洁有力,韵式而又不过分拘泥,将川滇黔接壤地区的水路运输盛况和劳动人民辛勤劳作的场景作了形象的绘制。译者不仅在形式与风格上达到了与原诗的"最佳近似度",更对比较抽象的文化概念进行了具体化和形象化的翻译转换。"宏衣得宝歌"是流传在唐代民间的小曲,常被船夫用作船只抵岸时的庆功号子。译文"precious robe"的本义是上帝披紫袍戴荆冠的宗教圣礼,这种归化手段能够让西方读者获得与原诗读者相近的阅读体验,进而领略到云南和四川沿江地区劳动人民在艰辛中仍保持乐观的民俗风情。云南竹枝词突出的文化特性就是地域性和民族性,对明清以来聚集在云南边陲的各民族政治、经济和文化等状况都有叙述,具有重要的文学意蕴以及文献学、民族志等多方面的史料价值。查义高的竹枝词翻译为少数民族竹枝词的翻译提供了启发与借鉴。

《黔苗竹枝》为清代文学家舒位所撰,共 54 首诗,从族源、民居、语言文字、饮食、歌舞乐器、服饰、婚配、丧葬祭祀、商业工艺和社会结构等方面对贵州苗、侗、土家、仡佬等少数民族的生产生活和民俗风情进行了全方位的描绘和抒写,格调清新明快,在艺术风格上典雅清丽而充满趣味,具有珍贵的民族史料价值和极高的文学艺术价值。例如诗中写道"架鹰呼犬生来惯,不畏深山虎豹号",描述了苗族分支洞恩苗先代擅长架鹰呼犬,他们主要以渔猎为生计方式。斯蒂芬·罗迪(Stephen Roddy,2022)提出民族竹枝词的劳动转向,称民族竹枝词是原始的民族志,反映了少数民族的生活状况和历史,是一种沉浸式的"田野调查"诗歌。

此外,还有《回疆竹枝词》对清末新疆民族地区风物及穆斯林生活进行了描述,《台湾竹枝词》对台湾少数民族的风情进行了写实,对一些少数民族的民歌进行了翻译与转写。竹枝词在少数民族地区的流传,反映出历史上汉族和少数民族之间的文化交流,诗中描述的山川景象、历史文化和民族特征具有重要的文化价值和传播价值,在中华民族文化的承传过程中应进一步弘扬。

拓展阅读:蒙古族术语与翻译

Mongolian Terms and Their Translation

One of the key issues of rendering into English a work from a world which is not (yet) familiar to English speakers is how far to go in translating specific institutional terms and titles. Here I will introduce certain terms and titles whose meaning might not be immediately obvious.

Khan

In Middle Mongolian, the title of supreme sovereignty, corresponding to English 'king' or 'emperor', was *qan* or *qa'an*, terms which are the origin of the English 'khan'. In later Mongolian, *qa'an* more or less completely replaced *qan*, which fell out of use. However, it is generally accepted that *qan* and *qa'an* were originally ranked, with a *qa'an* being higher in status than a *qan*. Whether by Chinggis Khan's time there was in fact a strictly drawn distinction between the two when used as a title, such that a *qan* was always subordinate to a *qa'an*, is currently in dispute among scholars; my own position is that there was wide variation in practice, and distinctions between the two titles are mostly conventional, with little political significance.

Thus, in the *Secret History*, the author worked with the following, not entirely consistent, paradigm:

Pre-Chinggisid Mongol khans, § 1-71: *qa'an*

Pre-Chinggisid Mongol khans, § 96-177: *qan*

Pre-Chinggisid non-Mongol khans in Mongolia: *qan*

Foreign rulers (outside Mongolia): *qan*

Chinggis: *qa'an*

Okodei: *qa'an*

Meanwhile, the author uses *qan* generally as a common noun meaning 'sovereign, ruler' in the indefinite form *qa*, "a ruler", or the definite form *qan*, "the ruler". But not only can exceptions be found for most of these categories in the *Secret History* itself, the exceptions seem to follow other paradigms used in sources used by the Secret Historian. And the reason there are such other paradigms is partly related to the fact that the Secret Historian's paradigm appears to have been historically inaccurate: in the author's own lifetime and in most inscriptions of the Mongolian empire afterwards, Chinggis was a *qan*, not a qa'an, for example. Although, as a rule, when an author makes a mistake one should translate that as a mistake, in this case the familiarity of 'khan' in English as a version of the name makes pursuing an incorrect and purely conventional distinction seem pedantic. In line with this reality, I have largely eliminated the *Secret History*'s distinction of the two terms in this translation. *Qa'an* and *qan* as titles are both translated as 'khan'. The term *qa'an* as a common noun is also given as 'khan'. The term *qa(n)* as a common noun is translated throughout as 'ruler' or 'sovereign'.

(Selected from Atwood, C. P. *The Secret History of the Mongols*[M]. London: Penguin Books Limited, 2023.)

第四章
少数民族音乐典籍英译与传播

少数民族能歌善舞，他们先代创作的音乐作品更是流传至今，成为代表他们民族品格的经典之作。20 世纪 50 年代，我国各少数民族聚居较多的省份开始派出民间工作团搜集与录制少数民族音乐和舞蹈，为少数民族音乐的学术史研究与传播提供了有价值的史料和语料。我国西北部新疆地区的维吾尔族以其音乐和舞蹈传统而闻名，其中最著名的是"十二木卡姆"（Twelve Muqam），它集传统音乐、演奏音乐、文学艺术、戏剧、舞蹈于一身，具有抒情性和叙事性相结合的特点。这种音乐形式在世界各民族的艺术史上独树一帜，表演中使用的乐器包括小提琴、弹拨琵琶、扬琴和驴皮鼓。

另一个著名的西北少数民族传统音乐形式是"花儿"，流行于甘肃、青海和宁夏等地。这些歌曲的旋律范围很广，通常在户外或大型节日上以非正式形式进行演唱。在四川、贵州、云南等省份，生活在山区的少数民族人民至今仍保留着传统的音乐文化。例如哈尼族的插秧歌，男女通常会齐唱以创造出一种紧密的、微音音乐的和弦效果。在广西中南部，壮族以其"对歌节"而闻名，年轻人通过对唱情歌相互闻识。海南黎族也有独特的音乐传统，例如女子有节奏地拍打竹竿，男子则在竹竿之间根据一定旋律和节奏来跳跃，此即"竹竿舞"。我国东北部省份最大的少数民族是满族和朝鲜族，一些满族地区仍然盛行传统的萨满音乐和舞蹈仪式。蒙古族的音乐种类更加丰富，他们使用的乐器包括弓弦、拨弦、长笛、竖琴和打击乐器等。总之，我国少数民族音乐丰富多彩，在演唱、表演、旋律、调式、声部组合和曲式结构等方面都很有民族性，值得在对外译介过程中充分重视,阐释中华民族艺术所具有的厚重的文化根基。

雷切尔·哈里斯(Rachel Harris,1998)在其博士论文《音乐、身份与表征:中国新疆的少数民族音乐》(*Music, Identity and Representation:Ethnic Minority Music in Xinjiang, China*)中对新疆维吾尔族的传统音乐进行了介绍,认为音乐和舞蹈表演是维吾尔族民族文化认同的核心。杨洋(2023)在《中国民歌元功能对等翻译:元功能对等翻译新视角》(*Meta-functional Equivalent Translation of Chinese Folk Song:Meta-functional Equivalence:a New View of Translation*)一书中,以壮族民歌为例,综合运用音乐学、音韵学、文化学、文学、生态美学、生态伦理学等相关原理,阐述了壮族民歌的起源、演变和艺术特征,从元功能对等视角探讨了民族音乐艺术的跨文化传播,并对 40 首有代表性的壮族歌曲进行了英译,每首都可以根据五线谱进行双语演唱,展示了壮族民歌的多元美学。翻译具有跨学科性,尤其在民族典籍翻译中,译者需要借助语言学、哲学、文学、文学批评、人类学、认知科学、符号学、心理学、传播学、社会学、历史学、美学、生态学等综合知识,在源语与目的语之间寻求内容与形式上最大限度的对等。

第一节　纳西古乐

纳西族是一个古老的民族,主要聚居在云南、四川和西藏交界处的丽江及其毗邻地区,云南为纳西族主要分布省份。纳西古乐将道教法事音乐、儒教典礼音乐,以及唐宋元的词、曲牌音乐融为一体,历史悠久,既具有民族特色,又体现了各民族之间的互动融合,流传至今的有《白沙细乐》《洞经音乐》和《皇经音乐》,被称为音乐的活化石。美国加利福尼亚大学民族音乐学教授李海伦(Helen Rees,2000)基于自己在丽江纳西族的田野调查,在专著《历史的回音:当代的纳西音乐》(*Echoes of History: Naxi Music in Modern China*)中对纳西古乐的音乐价值、纳西古乐与社会文化的互动,以及纳西古乐在英国等海外的交流与传播进行了述评。这本专著还附有音乐光盘,国外读者可以亲身体验纳西古乐的复杂性与优雅性。在介绍纳西古乐的缘起与旅游价值时,李海伦在引言部分译介道:

Naxi Ancient Music blended Confucian, Taoist, and Buddhist elements in its beliefs and ritual, and had been renowned throughout Yunnan for its elegance, was now charming so many foreign visitors. Naxi Ancient Music is a musical repertoire that embodied potential contradictions of ethnic affiliation and appeared to have exchanged a traditionally religious character for a highly visible—and audible—role in the burgeoning tourist industry of Lijiang County. (Rees, 2000: 6)

（纳西古乐在信仰和仪式中融合了儒家、道家、佛教的元素，曾以其高雅而享誉云南，如今也令众多外国游客着迷。纳西古乐是一种音乐剧目，体现了民族属性，似乎已经将传统的宗教特性转变为在丽江蓬勃发展的旅游业中高度可见、可听的文化标识。）

对纳西传统大调（即口头叙事长歌）"相会调"中的曲目《蜂花相会》，李海伦在书中也进行了宣介：

Gguq qil, the love song "Bbai naiq bbaq jji huil" (*The Meeting of Bees and Flowers*). The words describe a courtyard of a three-storied house, in which three trees grow; each tree has three flowers growing on it, making nine in all. The courtyard also hosts three bees' nests, each housing three bees, making nine in all, so that nine pairs of bees and flowers come together. The bees and flowers are metaphors for boys and girls. The fairly tense vocal quality carries well; the range is less than an octave, and many long notes display the slow, wide vibrato for which Naxi folk song is famed. (Rees, 2000: 58)

（民族情歌《蜂花相会》讲述了一座三层楼房的庭院里面长着三棵树，每棵树上都长着三朵花，总共九朵。院内还建有三个蜂巢，每个蜂巢内有三只蜜蜂，一共九只，刚好九只蜂与九朵花相对。蜜蜂和花朵是男子和女子的隐喻。纳西民歌以声音富有张力，音域低于八度，长音缓慢宽阔而闻名。）

李海伦著的《历史的回音：当代的纳西音乐》一书光盘中收录了24首纳西古乐与民歌音轨，内容如下：

1. Dongba scripture Lv Bber Lv Raq（东巴经《鲁般鲁饶》）

2. Bbai neiq bbaq jji huil. Folk song（民歌《蜂花相会》）

3. A li li（《阿丽哩》）

4. Dance tune on the mouth organ （口弦调）

5. Seven-beat dance tune on the fipple flute （打跳调）

6. Jiul bbu jjiq diu（《铜盆滴漏》）

7. Salua bba xiuq bbaq（《三月百花开》）

8. A call between lovers on a tree leaf（木叶上恋人的呼唤）

9. Me mil ngu（《公主哭》）

10. Ai lil li jji perq（《美丽的白云》）

11. Dadiao （大调）

12. Yi Jiang Feng（《一江风》）

13. Shanpo Yang（《山坡羊》）

14. Dao Chun Lai（《到春来》）

15. Wannian Hua（《万年花》）

16. Shoujing Jie（《收经偈》）

17. Xilu zhenyan. Tiaoqi Zhenyan.（《喜禄箴言》《调气箴言》）

18. Du biaowen（《读裱文》）

19. Jiang xuan （讲玄）

20. Pipa （琵琶）

21. Gangchepu. Shanpo Yang（工尺谱《山坡羊》）

22. Erhu. Sugudu（二胡•苏古笃）

23. Shoujing Jie（《收经偈》）

24. A segment of the opera Hutou Zhai（《虎头寨》）

纳西古乐源远流长，从以上的乐曲与民歌选材中，我们能欣赏到少数民族音乐中的人文景观和其中寄寓着的民族心灵史，有对美好爱情的憧憬、对英雄的赞歌和对秀丽山川的抒怀。尼古拉斯•克希尔（Nicholas Kircher, 2014）在博士论文《纳西白沙细乐探析》（*Exploring Naxi Baisha Xiyue*）中对白沙细乐的音乐风格和起源进行了定性研究，在附录部分包含对歌曲的转录、纳西基本术语与汉语对照词汇表和唱片目录,对世界了解纳西古乐的变迁以及赏析具有重要的参考价值。

第二节 回族"花儿"

花儿是回族的一种传统民歌形式,具有高亢、豪放、优美、欢快的特点。我国甘肃、青海、宁夏、新疆一带的回族有手搭耳后、面对青山唱"花儿"的习惯。"花儿"属于情歌,唱"花儿"部分地区又称为"漫花儿",突出了"花儿"铺天盖地席卷而来的情形。"花儿"通常为独唱或对唱,也可在节日或集会上打擂斗歌,使得集会变成"花儿会"。民歌"花儿"题材广泛,涵盖少数民族人民的生产劳动、衣食住行、民俗文化、天文地理、历史故事和宗教活动等。2006年,"花儿"被列入中国第一批国家级非物质文化遗产名录,2009年又被联合国教科文组织列入人类非物质文化遗产代表作名录。美国音乐人类学专家苏独玉(Sue Tuohy,1988)在其博士论文《中国传统的想象:以花儿、花儿会和花儿学术研究为例》(*Imaging the Chinese Tradition: the Case of Hua'er Songs, Festivals and Scholarship*)对"花儿"进行了早期的国外译介。鲁斯·斯托弗(Ruth Stone,2017)在《伽兰世界音乐百科全书》(*The Garland Encyclopedia of World Music*)一书中提出"花儿"具有传播知识、社会交际和建立婚姻关系等文化建构的重要功能。他在书中援引了一首"花儿"来描述回族人民对这个音乐体裁的喜爱之情:

Hua'er are songs from the heart;

I can't help singing them.

If I take a knife and chop off my head,

Life itself is a way of singing them.

(*The Garland Encyclopedia of World Music*, 2017)

("花儿"是来自内心的歌

我情不自禁地唱起它

如果我的生命到尽头

歌唱也是我生命的另一种方式。)

"花儿"的基本曲调是"令调",它集语言的艺术性、隐喻性和模糊性于一体,并在这种民歌类型的术语上得到了体现。"花儿"的首要含义是"花",但它还有"绽放""图案"等含义。在歌曲中,"花儿"最常用于对女性的隐喻,而女性也可以用特定的花来象征,比如牡丹或深红色的花。例如歌中唱道:"平川里有一朵牡丹,看去是容易,摘去是难。摘不到手里是枉然。"(There is a peony; looking at it is easy; picking it is difficult. Not picking it is even more painful.)(Berger & Carroll,2003:164)。

肖怀勇(2008)在《英译漫谈及"花儿"译赏》一书中对流传在西北地区的130首"花儿"进行了翻译,认为"花儿"中的方言土语凸显了民族的性格和精神,描绘了回族人民生活中的真善美,倡导用自由体诗的翻译来贴近世界读者的审美接受。例如对"花儿"名曲《大夏河弯弯地绕城转》,肖怀勇的英译如下:

河州城叫它是小江南
活像青枝绿叶的牡丹
大夏河弯弯地绕城转,
"花儿"声阵阵地漫上天

Hezhou town is called the small Jiangnan.

It is like the peony with blue branches and green leave.

Daxia river winds around the town,

Voice of Hua'er reverberated in the sky. (肖怀勇,2008:257)

北方民族大学武宇林(2016)的《中国花儿通论》英译节本在商务印书馆出版,由中国译者杨晓丽和英国译者史若兰(Caroline Elizabeth Kano)合译,书名为《花儿:丝绸之路上的民间歌谣》(*Hua'er: Folk Songs from the Silk Road*)①。节本对中国"花儿"民歌全貌、"花儿"的主题、"花儿"的基本形式、"花儿"的修辞、"花儿"中的民族特色和民俗现象进行了系统性译介,为国外读者关注与研究这一国家级非物质文化遗产的独特的魅力进一步提供了翔实

---

① Yang Xiaoli, C. E. Kano. *Hua'er: Folk Songs from the Silk Road*[M]. Beijing: The Commercial Press,2016.

的参考资料。综上所述,"花儿"是少数民族民众表达个人感情和跨民族文化交流的重要载体,国内外学者合作英译"花儿"是推动民族音乐国际传播的一个新发展趋势。

第三节 壮族歌舞剧《刘三姐》

刘三姐是壮族民间传说中的歌仙。清《肇庆府志》记载:"刘三妹生于唐中宗时,年十二,善歌,游戏得得,往来两粤溪峒间,解诸蛮语,与白鹤乡一少年登山而歌,人环而视之七日夜,歌声不绝,俱为化石。"壮族民间口耳相传有关刘三姐的传说与歌谣非常丰富,壮族民众会在"三月三歌节"这个节日来纪念这位民间音乐家。1960年,基于壮族民间传说改编的民族歌舞剧《刘三姐》被搬上舞台,引起社会强烈反响,观众们被刘三姐用山歌讴歌生活和爱情的乐观主义精神所鼓舞。1961年,长春电影制片厂发行了根据歌舞剧剧本改编的同名彩色故事片《刘三姐》。(图4-1)故事以"放歌—禁歌—对歌"为叙事主线,揭示了刘三姐对财主莫海仁的英勇反抗,彰显了劳动人民的力量和气概。影片将桂林山水自然风光与动听的民族歌曲和谐地融合在一起,上映后引起国内外轰动,刘三姐也成为壮族的文化名片。

图4-1 电影《刘三姐》剧照

杨宪益与戴乃迭(1962)最早翻译了歌剧《刘三姐》,英文名为"*Third Sister Liu: An Opera in Eight Scenes*",由外文出版社出版。《刘三姐》八幕剧英译本的章节题目如下:

Scene I　Looking for Kinsmen（投亲）

Scene II　The Landlord Tries to Seize the Hill（霸山）

Scene III　A Trap Is Laid（定计）

Scene IV　An Offer of Marriage Is Refused（拒婚）

Scene V　The Singing Contest（对歌）

Scene VI　The Landlord's Plot（阴谋）

Scene VII　The Order Is Defied（抗禁）

Epilogue　The Songs Are Spread（尾声：传歌）

美国普林斯顿大学中国艺术史研究专家杰罗姆·希尔伯格德（Jerome Sil-bergeld）（2000）在《电影里的中国：当代中国电影研究框架》（*China Into Film: Frames of Reference in Contemporary Chinese Cinema*）一书中对中国文学如《红高粱》《刘三姐》《霸王别姬》等的电影改编进行了探析，并对《刘三姐》中的序曲部分进行了英译。2021年，黄少政基于刘三姐歌舞剧剧本及其他脍炙人口的刘三姐歌谣首次按照可读、可唱的标准将《刘三姐》译成英语，书名为《刘三姐歌谣英译与演唱》①。译者以译文的可表演性为翻译准则是国内少数民族音乐典籍翻译的一种突破性尝试，对于宣传中华优秀传统音乐文化具有一定的推动作用。

歌舞剧《刘三姐》英译赏析：

唱山歌，

这边唱来那边和，

山歌好比春江水，

不怕滩险湾又多。

英译一：

Whatever sentiment is in the mind suppressed

Erupts like fire in songs from the breast.

Mountain songs are like springs so clear,

---

① 黄少政．刘三姐歌谣英译与演唱（汉英对照）[M]．桂林：广西师范大学出版社，2021.

Sung in vales and jungles everywhere. (Silbergeld, 2000: 24)

英译二：

Hear our folk sing!

I'll start an air and you join in;

Folk songs are like a stream in spring.

Unchecked by dangerous rapids or twisting bays. (Yang, 1962: 9)

通过对比以上不同版本的译文发现,杨氏译文音节和韵律与原文对等,文学性和表演性兼备,有助于构建中国民歌话语体系和叙事体系,有利于用故事化、形象化的方法塑造可信和可爱的中国少数民族文化形象。《刘三姐》以广西桂林风景秀丽的漓江沿岸的壮族聚居区为故事背景,运用少数民族"对歌"音乐习俗来作为叙事线索,这种音乐舞剧的呈现方式富有民族艺术特色。和阿诗玛一样,刘三姐也被塑造为美丽智慧、勤劳勇敢、情深义重、善恶分明的典型东方女性形象。2006 年至 2012 年,法国艺术家罗洪·让诺(Laurent Jean-neau)在中国四川、云南、贵州少数民族地区做田野调查期间,收集了 55 张 CD 的少数民族音乐片段,并用数字化手段存储到美国线上音乐公司(Bandcamp),分享给世界听众。这种数字展馆的民族音乐传播方式立体式、多模态地呈现了我国少数民族文化的多样性,是未来中华文化走出去的又一创新路径。

拓展阅读:《历史的回响:近代中国的纳西音乐》书评

Review Work: *Echoes of History: Naxi Music in Modern China*

Yunnan Province in southwest China is one of the country's most ethnically diverse places, home to many ethnic groups (commonly referred to as "nationalities" in mainland China) distinct from the Han Chinese majority. Among them are the Naxi, a people of Mongoloid stock and speakers of the Yi variety of the Tibeto-Burman family of languages. They can be found all over Yunnan, parts of Sichuan Province, and southeastern Tibet, but are mostly concentrated in scenic Lijiang County in northwestern Yunnan.

In *Echoes of History*, Helen Rees focuses on one tangible musical outcome of sinicising projects in Yunnan in the form of Dongjing music as practiced by Naxi musicians in Lijiang County. Rees draws upon material gathered through archival research, field interviews and recordings, as well as her personal experience as official tour guide and interpreter during the first international concert tour of the Dayan Ancient Music Association of Lijiang in 1995. She traces the transformation of this Han Chinese-derived string and wind ensemble music from a local ritual music performed solely by elite Naxi gentlemen of Confucian literati persuasion, into a secular music performed largely for the entertainment of the musicians themselves and domestic and foreign tourists in Lijiang and concert audiences abroad in the late 1980s and the 1990s.

This is an exhaustive and highly informative ethnographic chronicle of a minority adopted Chinese music style that is well outside the traditional musical mainstream and the first one of its kind to examine issues of ethnic relations, changing worldviews and value systems, and center-periphery interaction that all bear upon a music culture within a single county. Over the course of nine chapters, Rees skillfully pulls together various strands of data on Dongjing music in Lijiang. Coupled with insightful analyses, she weaves them into a seamless interpretive historical narrative of the contemporary history of Dongjing music in the county.

Perhaps because the study is mainly historical in orientation, involving longtime spans and events that happened during the last century, and largely relies on interviews, Rees sees it fit to leave herself out of the text for the most part, choosing to present the data and her analysis in a very mater-of-fact tone. She assumes the role of a distant narrator who barely casts a shadow on the proceedings as she recounts the risk, decline and re-emergence of Dongjing music groups in Lijiang and the growing national and international renown of the Dayan Ancient Music Association in particular. Readers can catch glimpses of her now and then, mostly at the very beginning of the book, when she relates her initial encounter with Dongjing music during her first visit to Lijiang. But very few details of her interactions with the performers of this music in the course of gathering data for this study find their way into the rest of the book. Even in the one instance in which some reflexivity is definitely in order—in the section in Chapter Seven wherein she tells about her role in the Dayan Ancient Music Association's first international tour—Rees inserts herself only briefly into the narrative with a short rumination about her part in the event.

This lack of reflexivity consequently leads her to overlook analysis of her own portrayal and representation of the Naxi and Dongjing music in the lectures she gave during the tour, the liner notes she wrote for the CD recording, *Naxi Music from Lijiang* (Rees,1997), and her previous articles on the subject. This is not a serious oversight, but its lands out in light of her efforts at comprehensiveness in Chapter Eight, wherein she discusses at length the labels, descriptions, and interpretations of Dongjing music given by various commentators, both Chinese and foreign, in order to analyze their underlying frames of reference. The lack of reflexivity on the author's part notwithstanding, *Echoes of History* is an excellent work of ethnomusicological scholarship. It employs the rigor of ethnographical research to further illuminate traditional historical accounts and sources on Dongjing music in Lijiang. Doubling up on itself, it reconstructs the history of that musical history—an ingenious approach that would be greatly appreciated not only by scholars of Chinese music with their traditional historiographical bent, but by musicologists and ethnomusicologists as well. For the latter two, this study will likely prove to be a fine example of how well theme methodological approaches of both their disciplines could be integrated.

(Selected from Harris, R. Reviewed Work: *Echoes of History: Naxi Music in Modern China*[J]. *The World of Music*, 2001, *43* (2): 236-239.)

第五章
少数民族绘画艺术典籍英译与传播

自清代以来,少数民族绘画艺术逐步繁荣发展,描绘了少数民族人民生产和生活的各个维度,反映了中华民族美术史是各民族共同创造的历史真实(陈兆复,2010)。一般来说,我国少数民族绘画主要包括民间绘画和宗教绘画两大类。民间绘画是由一代代艺人传承下来的,主要应用在日常生活中,包括服饰绘画、器皿图案绘画、建筑绘画等。同时,少数民族宗教绘画艺术自明清以后形成了各自独特的艺术风格,丰富和发展了中国宗教艺术史,如纳西族绘画中最原始的绘画艺术遗产东巴教绘画、藏族绘画艺术唐卡和少数民族宗教壁画。

中华人民共和国成立后,国家成立了专门机构来开展少数民族古籍整理工作,涉及民族文学、宗教、医药、体育、音乐、舞蹈、绘画等多种学科的民族问题研究,篇幅宏大,卷帙浩繁,在民族文化建设与民族文化自信提升方面取得了巨大成就。2016年,云南美术出版社出版了《云南少数民族绘画典籍集成》,这部典籍集成包含了壮族的卷轴画、宗教画卷、占卜绘画、鸡卜经绘画,傣族的文身图谱、历算书绘画,以及瑶族的挂画等,图画形式多样,内容丰富,呈现形式独特,具有浓厚的民族艺术特征。2018年,《云南少数民族传统绘画》出版,这部典籍收录了彝族、傣族、藏族、瑶族、壮族、纳西族民间具有代表性的经典传统绘画,具有较高的历史文化价值,进一步体现了云南少数民族在绘画创作方面的美学思想。此外,《中国北方民族美术史料》(1990)、《纳西族东巴文字画》(2002)、《彝族古代毕摩绘画》(2003)以及《新疆少数民族民俗民情绘画

卷》(2009)等的出版,丰富了国内外对少数民族绘画美学的研究与数字传播
资源库。

第一节　彝族《百乐书》

《百乐书》是彝语音译,是滇南彝族对民间流传的一种彝文典籍的统称,
其特点是用图文对照的形式反映彝族传统的社会生产和生活情景,其中彝族
原始的宗教绘画在《百乐书》中也有系统的展现。2008年,《百乐书》入选第
一批《国家珍贵古籍名录》。普学旺(2005)在《彝族原始宗教绘画》中直观呈
现了《百乐书》的绘画艺术,探讨了《百乐书》的历史文化价值。美国语言学
家大卫·布拉德利(David Bradley,2009)对彝族的历史起源与彝语的语法规则
进行了研究,并论述了《百乐书》作为少数民族占卜用书的社会价值以及翻译
价值:

A partial exception is seen in some divination books, which may have
full-page illustrations upside down facing the text, so that the person whose
fortune is being told can see the picture while the shaman reads the text. These
books typically have an even number of pages, 24 to 60 (and reportedly up to a
maximum of 70, though no book of this size is currently known). Each page of
these divination books has an attached string with a copper coin at the end; the
person chooses a coin, and the shaman then reads relevant parts of that page to
the person. Such books are fairly widespread among the Nisu where they are
known as **Baileshu**, less frequently found among the Nasu, and not used by the
Nosu and Sani; two collections of the illustrations from these divination books
have recently been published: Zhang (2003) and Pu Xuewang et al. (2005); our
translation of two such divination books in European libraries is forthcoming.
(Bradley, 2009: 4)

(在一些占卜书中也有特殊情况,它们可能会将整页插图倒置,与文本相
对,以便被占卜者可以在萨满解读信息时观看图片。这些书的页数通常为偶
数,在24至60页之间(据传最多可达70页,但目前还没有这种类型的书)。

这些占卜书的每一页都附有一根绳子,绳子的末端有一个铜钱;被占卜者选择一枚硬币,然后萨满向其解读该页面的相关信息。此类书籍在尼苏人中相当普及,被称为《百乐书》,在纳苏人中较少见,诺苏人和撒尼人也不使用;最近新出版了两本关于这部占卜书的图册:分别为张纯德《彝族古代毕摩绘画》(2003)和普学旺等编著的《彝族原始宗教绘画》(2005),我们即将在欧洲图书馆开始着手对它们的翻译。)

《百乐书》作为少数民族绘画典籍的代表,在国内外研究和译介还比较少。但是这部绘画典籍中彰显的彝族人民智慧和丰富的想象力值得关注,尽管《百乐书》是彝族毕摩使用的签书,但书中人物的服装、发型、头饰大多为明清时期中原汉族的打扮,大部分绘画上还留有汉字标识。这些细节从侧面反映了历史上彝族文化与汉文化的交流和融合(赵婧,2017),其中蕴含的民族共同体意识也值得民族典籍翻译工作者进一步挖掘和发扬。

第二节　苗族《百苗图》

《百苗图》为清末套色石印本,每个条目都包含一幅手绘插图、一首诗和对该群体的文字描述。这部绘画典籍采用散文、诗歌和插图艺术形象地表现了以苗族为主的多民族地区的人文景观、耕作渔猎、织染服饰、婚丧嫁娶、歌舞饮食、宗教信仰等诸多生活领域的真实场景。此外,《百苗图》还包含众多对人类学、地理学和历史学研究有价值的文献资料,它精美的绘画艺术也受到公众的关注。据统计,一些国外大学和学术性机构图书馆等对《百苗图》的不同传抄本都有收藏。近几年,得益于更多《百苗图》相关研究成果的问世和馆藏机构的数字化建设,越来越多的欧美汉学界开始重新审视这部绘画典籍的文化价值和审美价值,他们期望获得原住民区域的民族学藏品。对他们来说,《百苗图》等民族绘图典籍既充满异域风情,又有艺术收藏价值,无疑是研究中国边疆民族的珍贵史料(吴雅迪,王霄冰,2022)。

大卫·迈克尔·迪尔(David Michael Deal)与劳拉·霍斯泰特勒(Laura Hostetler)(2006)合著的《民族志艺术:中国百苗图》(*The Art of Ethnography: A Chinese "Miao Album"*)对82个条目中的每一个条目都进行了注释,对每幅

插图所附的中国古典诗歌都进行了翻译,并撰写了学术性的概述。译本左边为图片和原文,右边为译文和注释,整体采用四种交互的超文本结构描绘了我国少数民族的多样性:1)民族类型信息;2)地理位置信息;3)发型、服饰特质;4)与汉族的差异性。

例如,关于"短裙苗"诗句中苗族女性"衣无衿袖,前不护肚,后不遮腰"(清代李宗昉语)的服饰装束的描述,译文如下:

The epithet "short skirt" is true, there is no mistake.

In the gromwell thickets women raise a hubbub.

One first wonders at their exposed belly buttons,

But how can they bear to show their lower bodies?

(Deal & Hostetler, 2006: 154-155)

《百苗图》是珍贵的少数民族地方文献,版本众多,国外收藏机构众多,荷兰莱顿大学等已对收藏的中国珍稀书稿《百苗图》中的人物与地图等展开了学术研究。绘画典籍的发掘、整理与研究也对民族典籍英译工作者提出了挑战,不仅要求译者具备古汉语的素养,掌握各民族语言的历史流变,还要具备民族学、历史学和艺术学等跨学科的学术素养,才能做好少数民族绘画艺术等典籍的多模态译介与传播。

美国翻译家赫伯特·库欣·托尔曼(Herbert Cushing Tolman, 2003)认为翻译如绘画艺术,譬如画战马不在于画其形体,而要画出其威武彪悍的精神风采。我国著名语言学家王宗炎也说:"翻译是画画,不是照相,是念台词,不是背书。"因而,翻译与绘画的关系十分密切,二者都是寻求最大的传神达意。对少数民族绘画艺术典籍展开译介与研究,不仅能扩大中华民族艺术的国际影响力,也能为开拓有中国特色的民族典籍翻译理论提供有益探索。

拓展阅读:走向多模态的翻译

Moving Towards Multimodality

Translation studies scholars have only relatively recently started to be alert to the particular problem of the interaction between different semiotic sources of meaning and the impact of this interaction on translation activity. Semiotic resources other than language, which can and do intervene in the composition of texts, are largely under-researched in translation studies with a few notable exceptions regarding specific sub-areas of the field, such as audiovisual translation (AVT) and the translation of comics. As observed at the beginning of this introductory chapter, translation theories have had different orientations over time. The long-standing debate around the nature of translation often seems to have worked on the basis of dichotomies: translation can be 'free' or 'literal', 'overt' or 'covert', 'semantic' or 'communicative'; equivalence in translation can be 'formal' or 'dynamic'. However, all these concepts were largely elaborated from a verbal point of view, mostly without explicitly addressing the contributions made to a message by other textual resources. The notion of equivalence is a good example of this: some theoretical frameworks (e.g. Jakobson, 1959; Nida, 1964; Newmark, 1981; Baker, 2011) have presented equivalence as the key to achieving effective translation, and even though the various authors offer different takes on the subject, they work with a concept of equivalence that is mostly verbal. Equivalence has been studied at different levels (e.g. word equivalence, grammatical equivalence, textual equivalence) and from various angles, but mostly in relation to the verbal features of texts. A similar discussion could take place about the concept of translation norms (cf. Toury, 1995; Chesterman, 1997; Hermans, 1999; Pedersen, 2011); whether norms are seen as prescriptive or descriptive, bottom-up or top-down, identified translation norms are investigated with a strong emphasis on the linguistic component of a text in translation, even if the text in itself includes other sources of meaning.

Skopos theory (Vermeer, 1996), which sees translation as a goal oriented activity, does not address explicitly the multimodal aspect of meaning production either. The central tenet of Skopos theory is that all aspects of translation should be governed by the purpose of the translation activity itself. As shown later in this work, translation as a process and as a product is indeed highly influenced by its purpose; however, Skopos theory does not cater explicitly for scenarios in which the translation includes ST elements that cannot be changed or that may be difficult to change in light of the translation's purpose. This is often the case with texts including visual content; for example, translators of comics generally have to fit their work around the visual content of the original cartoon, and subtitles of audiovisual texts by and large can only intervene in the verbal content they need to translate, as the visual component cannot be easily adapted.

Among the translation models that explicitly mention multimodal meaning, Reiss' research on text types (1977/1989), a precursor to Skopos theory, is worthy of note. However, Reiss claims that in multimodal texts, the verbal content is somehow supported by the presence of other textual resources. This view seems to have limitations: the role of other semiotic resources is not only to support the verbal content (or vice versa), but rather to merge with it to produce a multimodal message.

Although Reiss at first claimed that there were four text types (informative, operative, expressive and the 'multimedial'), she later modified her position, claiming that multimedial texts are actually a 'hyper-type', a 'super-structure for the three basic types' that 'possesses its own regularities, which ought to be taken into account when translating, besides—and above—the regularities of the three basic forms of written communication' (1981/2004: 164). However, these regularities are not investigated in any detail by Reiss, who in her work was more concerned with the analysis of the three basic text types she identified than with issues regarding multimodality.

The approach proposed by Snell-Hornby (1995), one that aims to integrate approaches from linguistics and translation, has as its main focus the linguistic aspect of texts as well; Snell-Hornby, however, acknowledges the importance of investigating what she terms 'audiomedial' texts in later work, in which she mentions how this 'might well prove to be a topic worth resurrecting' (1997: 288). She later goes on to discuss a few aspects related to multimodality (2006: 84–90), albeit briefly, pointing out how virtually no research on multimodal aspects of translation was carried out until the 1980s; in the same context, Snell-Hornby (2006) proposes a classification of texts that depend on non-verbal elements (which, using her terminology, are divided into 'multimedial', 'multimodal', 'multisemiotic' and 'audiomedial') and reviews studies that deal with translation challenges closely connected to specific genres of such texts (e.g. the rhetoric and speakability of texts that are 'written to be spoken'). However, her focus is mainly on the audiomedial category, that is, texts that are essentially language-based and whose multimodal component lies in the fact that they are written to be performed (e.g. theatre play scripts). Such texts do not necessarily show meaningful interaction between semiotic modes in their textual organization, but rather they show issues connected to the linguistic content and its delivery in performance that can influence translation; therefore, the review provided by Snell-Hornby's contribution has a different focus from the one adopted in this book, which nevertheless acknowledges issues of multimodal interaction as a reality worth exploring.

(Selected from Dicerto, S. *Multimodal Pragmatics and Translation: A New Model for Source Text Analysis*[M]. London: Palgrave Macmillan, 2018.)

少数民族科技典籍英译与传播

少数民族科技典籍指我国少数民族在历史上遗留下来的关于天文、历法、矿冶、生物、建筑、农业、手工业、医学等领域的古籍。这些科技古籍既包括用少数民族古文字记载的文献典籍,也包括用汉文记载的有关少数民族内容的古代科技文献典籍等。少数民族传统的一些科学技术文献是我国科学技术史的重要组成部分,促进了我国科学技术的发展。对少数民族科技典籍进行发掘、整理、研究和翻译,具有重要价值和现实意义。新中国成立以后,除文学艺术典籍外,国内一些出版社和专家也开始致力于对农学、种植、地理、工业技法等科技类文献的搜集和出版。1996 年,广西科技出版社出版了《中国少数民族科学技术史丛书》,全套 7 卷,包括通史卷、天文历法卷、地学水利航运卷、纺织卷、农业卷、医学卷、化学与化工卷,较为系统地梳理了国内少数民族在科技领域取得的成就。

陈海玉(2015)在著作《少数民族科技古籍文献遗存研究》中认为,中华民族文化多元一统,每个民族都为创造灿烂的科技文化做出了贡献。通过梳理各民族的天文历算、医药、手工业、农业、地理等方面的科技古籍文献遗存,研究发现这些科技典籍中蕴含的信息资源至今仍广泛运用于诸多领域,有重要的参考利用价值。2021 年,贵州大学出版社出版了一系列彝族科技典籍,如农业典籍《列木诺马》《德史之牛》《古折数》《十二种荞》,天文历法类文献《土鲁立咪》《土鲁豆吉》,地理类文献《吉摩书》《扯勒的十八则溪》,工艺纺织类文献《额等美雅》《够葛书》,推进了对传统少数民族农业科技的研究与传承。随着国家对传承文化、讲好中国故事、传播好中国文化的日益重视，越来越多的少数民族科技史研究与翻译会成为构建中国科技强国形象的新途径。

第一节　农业典籍

中华民族有着璀璨的农耕文明史，基于农业生成与种植经验总结出了一套独特的顺应天时、精耕细作的农学思想。元代维吾尔族科学家鲁明善编纂的《农桑衣食撮要》在我国农业史上有着重要地位，它记载了维吾尔族的农事活动与农业生产技术的应用情况，并对少数民族地区特殊的农业技艺手段，如制葡萄干、制酥油、养蚕、制醋进行了描述。后来这部书被收入《永乐大典》和《四库全书》中，可见这部农书重要的科技价值。2022 年，央视中文国际频道《史话新疆》节目第 45 集对少数民族农学家鲁明善以及他的农业典籍《农桑衣食撮要》进行了专题报道，对这部农书中"留心民事、讲求实用"的重农固本思想进行了宣介。

由外文出版社出版、中国科学院编纂的英文版《中国古代科技》（*Ancient China's Technology and Science*）[①] 对这部农书的描述是 "Book on monthly family arrangements of agricultural activities"（依据月令安排农事活动的农书）。鲁斯•梅泽夫（Ruth Meserve, 1998）在文章《中国马术和马术学：政府机构以及内亚的影响》（Chinese Hippology and Hippiatry: Government Bureaucracy and Inner Asian Influence）中梳理了中国自周朝以来的农业发展成就，其中对《农桑衣食撮要》的译介如下：

Nongsang yishi cuoyao（农桑衣食撮要）(1314), an agricultural treatise by the Uighur official Lu Mingshan（鲁明善）which was to be used as a guide for magistrates. Such a text is illustrative of two important points: (1) that officials from minorities, especially Uighurs, were important in Mongol administration and did contribute treatises of consequence; and (2) the reliance

---

[①]　Institute of the History of Natural Sciences Chinese Academy of Sciences. *Ancient China's Technology and Science*[M]. Beijing: The Foreign Language Press, 2009.

on the legal system and its magistrates to oversee many aspects of daily life in rural China. (Meserve, 1998: 299)

（《农桑衣食撮要》（1314），是维吾尔族鲁明善所著的一部农业著作，被用作地方农业治理指南。这部农籍说明了两个要点：（1）少数民族官员，特别是维吾尔族官员，在元政府管理中发挥着重要作用，贡献了重要科技知识；（2）有关中国农村日常劳作的法规民约已日益完善。）

洪德元与英国植物学家史蒂芬·布莱克莫尔（Stephen Blackmore, 2015）合著的《中国植物志指南》（*Plants of China: A Companion to the Flora of China*）对中国植物学及其研究的历史进行了论述，其中提到《农桑衣食撮要》是元代非常重要的一部农书。这部农书向世界证实了中国自古以来就拥有的丰富自然资源，也是最早开始植物学研究的国家之一。从这些农书的描述来看，中国传统的植物学术语和西方对植物拉丁学名的双命名法（Latin binomials）一样精确和科学，当今广泛使用植物的拉丁学名只不过是为了加强国际交流。

线上开放电子图书馆"中国哲学书电子化计划"①是一个为中外学者提供中国历代传世文献，通过电子科技探索古代文献传播新方式的免费平台。这个平台收录了《农桑衣食撮要》全本，并以单字标音、单词机器英译等逐字对照方式提供了全书的检索和注释，为这部农典的研究和翻译提供了数字化资源。

2020 年，德国马克斯·普朗克学会科学史研究所（Max Planck Institute for the History of Science）发起了"农业与科学发展"项目，着手翻译《农桑衣食撮要》这部 14 世纪的中国农业典籍，并计划与马穆鲁克时期的阿拉伯语农典《农业经典选》（*Al-Filāha al-Muntakhaba*）展开对比研究。因此，无论是少数民族用本民族文字还是用汉文撰写的有关少数民族种植技术的农业典籍，都是中国农业科技史的重要部分。除较为有影响的《农桑衣食撮要》外，还有彝族的《五谷经》《牲畜经》《播种经》等彝文农耕书籍，傣文中也保存了大量水稻栽培与种植的文献资料。对少数民族农业典籍进行翻译，有助于推动对少数

---

① 中国哲学书电子化计划（ctext. org）是一个线上开放电子图书馆，为中外学者提供中国历代传世文献，通过电子科技探索新方式与古代文献进行沟通。目前数据库中收藏的书籍已超过三万部。

民族农耕文明的研究和传承,提升少数民族的文化自信。

第二节 医药典籍

少数民族的医药典籍反映了少数民族民众对自然、生命、健康和疾病的认识,时至今日仍在被研究和应用于人类公共卫生事业,彰显着科学与人文的民族精神。据统计,我国各少数民族几乎都拥有自己特色的医药典籍,其中藏医药、蒙医药、苗医药、壮医药、侗医药、彝医药、傣医药等已被列入人类非物质文化遗产名录。甄艳和蔡景峰(2006)合著的《中国少数民族医学(中英对照)》在中国中医药出版社出版,该书完整地呈现了少数民族的医药史以及民族医学的内涵。罗维前(Vivienne Lo,2022)等的著作《劳特里奇中医指南》(*Routledge Handbook of Chinese Medicine*)指出,少数民族医药(如蒙药、藏药)已成为中华医药宝库的重要组成部分,少数民族医药典籍对医药技法和药方进行了详细记载,具有较高的学术研究价值。医药典籍兼具科学价值与文化价值,既具有中华文化的特殊性,又具有医学科学的普适性。中医药作为打开中华文明宝库的钥匙,其中所蕴含的深厚的文化资源。具有原创性的科技资源以及重要的生态资源,能够在中华文化"走出去"战略中发挥先锋作用。

1. 彝族医药典籍《齐苏书》

《齐苏书》是明代嘉靖年间用古彝文撰写的医药专著,因发掘于云南楚雄州双柏县,故又称《双柏彝医书》。这部医书对传统彝族医药经验做了系统梳理,详细罗列了治疗多种疾病的药物和煎制方法,其中记载的诊疗方法及药物配方具有鲜明的民族特点。全书共76段,近5 000字,涉及药用植物和药用动物300多种,成文时间比《本草纲目》还要早12年。《双柏彝医书》的流传说明彝族医生已经有意识地整理、归纳和推广本民族的中医学知识。2010年,云南民族出版社出版了《齐苏书》彝汉对照译本,按照古彝文—罗马音标注—汉语义—今译的方式直观地呈现了彝族文字形态特征、读音规则、语法特征和含义。例如,关于服用方法的介绍如图6-1所示。

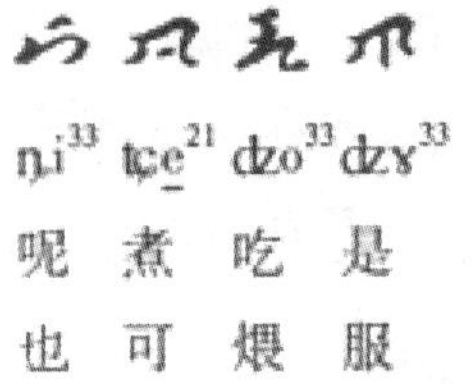

ȵi³³ tɕe²¹ dʐo³³ dʐɤ³³

呢 煮 吃 是

也 可 煨 服

图6-1 《齐苏书》节选

《齐苏书》除了医药价值外,还具有彝族历史、哲学和语言方面的研究价值,为全面了解彝族社会疾病流行史和植物生态等提供了最好的依据,是科技文明的产物与少数民族人民智慧的结晶。德国学者亚历山大·弗里森(Alexander Friesen)与布鲁诺·弗里森(Bruno Friesen)(2012)合著的《兰花的草药功效》(*The Herbal Power of Orchids*)一书中对《齐苏书》的译介如下:

Yi ethnic group practices their traditional Yi medicine, which has its root in the Dali medicine of the Nanshao Kingdom for more than 3,000 years. The assimilation of the best of local, Indian and Persian medicine lead to its own medicinal system, which is recorded in books such as *Yian Yao Jing*, *Shun* or in ***Shuangbai medicinal book*** of Yi Nationality, which is the earliest book of Yi medicine. (Friesen & Friesen, 2012: 20)

(彝族的传统医药源于南诏国的大理医药,距今已有3 000多年历史。彝族《双柏彝医书》吸收了当地、印度、波斯医学之精华,形成了自己的医药体系,也是最早的彝医书籍。)

拉梅什·班达里(Ramesh Bhandari, 2010)在著作《民族植物学:复兴的传统草药》(*Ethnobotany: The Renaissance of Traditional Herbal Medicine*)中,对《齐苏书》评论道:"The earliest book of Yi medicine is *The Shuangbai Medicinal Book* of Yi Nationality, written even earlier than Shi-Zhen Li's *Ben Cao Gang Mu* in 1758"(最早的彝医著作是彝族《双百药书》,成书时间甚至早于李时珍1758年的《本草纲目》)(Bhandari, 2010: 64)。综上所述,彝族医药为我国少数民族健康事业做出了贡献,然而目前国内外对这部医药典籍的译介还比较少,它的文化价值和科学价值亟待进一步挖掘。

2. 藏族医药典籍《晶珠本草》

藏医典籍《晶珠本草》由著名藏药学家帝玛尔·丹增彭措所著,被誉为藏族的《本草纲目》。《晶珠本草》分上下两部。上部是以偈颂体写成的歌诀,即"药物晶珠歌诀",对每种药材的功效进行了概括论述;下部是注释,以散文体写成,进一步对每味藏药的构成、生境和功效进行叙述。《晶珠本草》上所载药物,具有浓厚的藏族特色和高原特色。如雪莲花、绿绒蒿、瘴牙菜、虎耳草、翼首草、独一味、山莨菪,这些药物均系藏医所用,主要产地为青藏高原。此外,这本医典对药物的分类方法比较科学,至今在植物学、动物学、天然药物学的分类上仍具有一定的参考价值。20世纪80年代以来,《晶珠本草》先后被毛继祖(1986)、罗达尚(2018)等译成汉文。他们对旧版译本中的误译、错译、漏译之处进行了全面的修订和完善,对弘扬藏医药文化、促进藏医药事业的发展具有重要意义。《晶珠本草》是关于历代藏本草的巨著,内容丰富,语言通俗易懂,得以流传至今。例如,书中对"树花类"药物的药性、治疗效果描述的歌诀如下:

树花药物之性效:木棉花尊和花瓣,
以及花丝三味药,治疗心肺肝热症。
小叶杜鹃之功效,治疗培根寒性病,
并且滋补延年寿。银露梅保护牙齿,
金露梅治乳腺炎。杜鹃花干体腔脓。
蔷薇花治赤巴病,并且能够压隆头。
小花果止腹泻。(毛继祖,等 译)

美国植物学与遗传学专家拉姆·辛格(Ram Singh, 2011)在著作《遗传资源、染色体工程和作物改良》(*Genetic Resources, Chromosome Engineering, and Crop Improvement*)中对中国应用药用植物预防和治疗疾病的悠久历史进行了研究。他指出,中国各地各民族积累了大量的实践经验。广义的中药包括中医药、民族医药和民间医药。中药材是指以中医药理论为指导,在临床上广泛应用并在药材市场上商业流通的天然药材及其制成品。对于藏族医药典籍《晶珠本草》的历史地位与价值,辛格博士说道:

Ethnic medicinal refers to natural medicinal substances that are used in ethnic regions under the guidance of ethnic medical theory and experience. Ethnic medicinal materials are harvested and circulated within ethnic communities. In addition to the native Han nationality, China has 55 ethnic groups. More than 50% of ethnic groups have their own ethnic medicines. About 30% of ethnic medicines have their unique medical theories. Among them, the Tibetan, Mongolian, and Uygur medicinals are most representative. For example, *Jingzhu Materia Medica* (*Jing Zhu Ben Cao*), a classic of Tibetan medicine, has recorded 2,294 Tibetan medicinals. Tibetan medicinals mainly come from wild botanical resources, such as the Asteraceae, Fabaceae, Ranunculaceae, Apiaceae, and Gentianaceae. Representative medicinal plants include *Carum carvi* L., *Saussurea medusa* Maxim… (Singh, 2011: 132)

（民族医药指在民族医学理论和经验指导下，在民族地区使用的天然药用物质。民族药材在民族社区内采收和流通。除汉族外，中国还有 55 个少数民族。50％以上的少数民族都有自己的民族医药。约 30％的少数民族有其独特的医学理论。其中以藏药、蒙药、维吾尔族药最具代表性。例如，藏医药经典《晶珠本草》就记载了 2 294 种藏药。藏药材主要来源于野生植物资源，如菊科、豆科、毛茛科、伞形科、龙胆科。代表性药用植物有葛缕子、雪莲。）

普里西拉•罗伯特（Priscilla Roberts）（2014）在《软实力？走向世界的美国和中国》（*Going Soft? The US and China Go Global*）一书中对中国保护和传承藏族史诗、唐卡、医药等文化政策进行了追溯，指出中国制定的少数民族文化政策体现了对少数民族文化绝对的尊重和保护，传统藏学对全球人口健康具有重要价值，在对人体、心智和精神的双重协调，帮助人类对抗各种顽固和持续性疾病方面还有巨大的潜力亟待挖掘。为促进藏医学的传播与国际交流，出版社出版了《四部医典》《晶珠本草》《蓝琉璃》等 50 余种藏医学书籍和研究著作。在此过程中，藏族医学的传统教义及其独特的哲学、宇宙学、解剖学等诸多领域的融合成就得到了精心、认真的尊重和保护（Roberts，2014）。

至少从 18 世纪开始，藏药就在整个中亚地区得到流传。藏族医学理念深深植根于与佛教相关的普遍同情心的理念。朱利安•埃文斯（Julian Evans）与约翰•杨奎斯特（John Youngquist）（2004）认为《晶珠本草》是藏族医学的最高集成：

The modern Materia Medica of Tibet is derived from the book *Jingzhu Bencao* (*The Pearl Herbs*), published in 1835 by Dumar Danzhenpengcuo. This text has been compared to the famous Chinese herbal *Bencao Gangmu*. Its format includes two sections, one being in the style of the Buddhist sutra with praise of the medicines, and the other being a detailed classification of each substance, giving the material's origin, environmental conditions where it is found, quality, parts used, and properties. The text included 2,294 materials, of which 1,006 are of plant origin, 448 of animal origin, and 840 minerals. About one-third of the medicinal materials used in Tibetan formulas are unique to the Tibetan region (including the Himalayan area in bordering countries), while the other two-thirds of the materials are obtained from India and China's mainland. Although Tibetan herbal medicine includes the use of decoctions and powders, for the most part, Tibetan doctors utilize pills that are usually made from a large number of herbs (typically 8-25 ingredients). In general, Tibetan remedies emphasize the use of spicy (acrid), aromatic, and warming herbs. About 300 medicinal plants are used in Tibetan traditional system of medicine. (Evans & Youngquist, 2004)

（现代藏族医药源自帝玛尔·丹增彭措于 1835 年出版的《晶珠本草》一书，堪与《本草纲目》相媲美。它的内容包括两部分，一部分是佛经式的颂词，另一部分是对每种物质的详细分类，列出了该物质的来源、发现的环境条件、质量、使用的成分和特性。正文共收录材料 2 294 条，其中植物来源 1 006 种，动物来源 448 种，矿物质 840 种。藏方中使用的药材约有三分之一是藏区特有的，另外三分之二的药材则取自印度和我国内地。虽然藏草药包括汤剂和散剂，但藏医在大多数情况下使用的丸剂通常是由大量草药（通常由 8 至 25 种成分）制成的。一般来说，藏疗法强调使用辛辣、芳香和温热的草药。藏族传统医学体系中大约涵盖 300 种药用植物。）

当前国内对藏族史诗、格言诗的翻译已经取得了丰硕成果，然而对医药典籍的译介还未系统展开。通过国外文献综述，我们发现《晶珠本草》在植物学以及文化研究领域获得了很高的赞誉，是一部集科学性、文学性和哲学性于一体的医学典籍经典。因此，通过翻译使中国藏医药文化进一步走向世界，作为人类文明成果服务于更多人群，让世界人民感受传统藏医药文化的独特魅力，是一项民心相通、促进国家之间的交流合作的伟大工程。

3. 回族医药典籍《回回药方》

《回回药方》成书于明初洪武年间,是回族传统医学药方总汇,原书共 36 卷,现仅存残本四卷。这部医药典籍受到古代中国与伊斯兰世界的医学交流影响,体现了中阿医学的融合。《回回药方》既保存了阿拉伯医学的基本特征,也接受了中国传统医学的影响,在医方和医论上加入许多中国传统医学的内容。它成功地移植、吸收、改造了阿拉伯医学,建立了中国回回医药学体系,成为中国医药学体系的有机组成部分(武斌,2022)。

比利时鲁汶大学萧婷(Angela Schottenhammer,2013:76)对《回回药方》的历史背景与主要内容进行了翔实的英语译介,她认为这部回族医典体现了医学和药理学领域的东西方文化互动。丝绸之路不仅是中外贸易交流加深的见证,也是医学全球化的过程,"《回回药方》(*Collection of Muslim Prescriptions*)这本明初的穆斯林医学文献涉及波斯医学中的许多药物,这足以证实医学知识从波斯和阿拉伯到中国的全球化传播"。

加拿大翻译学家让·德利尔(Jean Delisle)与朱迪斯·伍兹沃斯(Judith Woodsworth)(1995)合著的《历史上的译者》(*Translators through History*)探讨了各种典籍翻译中的"合作翻译传统"。专著提出元代以后佛教翻译不再重要,中国对欧洲的科学著作的翻译开始兴起。阿拉伯药典《基本药物词典》由 36 卷组成,列出了约 1 400 种不同的药物,在元朝末期被集体翻译出版,名为《回回药方》,因而翻译自古至今都是传播科技知识的重要渠道。《回回药方》是一部新的民族医学著作,是回族人民利用自己的语言和医学知识,参考波斯语和阿拉伯语医学书籍的原文,融入中国传统医药文化的集成。

美国历史学专家保罗·大卫·布尔(Paul David Buell)与人类学专家尤金·安德森(Eugene Anderson,2021)在《中国的阿拉伯医学:传统、创新与变革》(*Arabic Medicine in China:Tradition,Innovation,and Change*)一书中对这部民族医典进行了全面译介。他们基于明代版本的遗存文献,首次将这部元代编撰的近东医学百科全书进行了英译,并从学术角度梳理了这部医典在西医和中医历史中的运用情况。在译序部分,译者提出翻译旨在忠实地体现字面意思的前提下能够达意,避免过度翻译,避免将现代医学概念和术语运用到中世纪医学典籍中。为避免理解歧义,读者可以参阅相关的详尽注释。

译本对《回回药方》卷之十二"众风门"的英译赏析:

众风门

治左瘫右痪

治左瘫右痪头疼化痰

治左瘫右痪偏正头风头眼因痰病证

治痰头疼左瘫右痪舌强

又方

又一方（三方）

哈必门汀方

又一方（二方）

哈必纳福忒方

哈必法而非荣方

木香油方

少尼子油方（贾孟辉，2015:208）

Division of Various Winds

Category: Left Paralysis, Right Numbness, Wry Obliqueness of Mouth and Eye

Treating Left Paralysis, Right Numbness

To Treat Left Paralysis and Right Numbness, and Head Pain, and to Transform Phlegm

To Treat Disease Symptoms of Left Paralysis, Right Numbness, Head-Held-off-to-One Side, and Wind Head, and [for] Eyes Due to Phlegm

To Treat Phlegm Head Pain, Left Paralysis, Right Numbness, and Tongue Rigidity

Another Recipe

Other Recipes ([Subtext] three recipes)

A [Pr.] *Habb-e Muntin* ["Stinking Pill"] Recipe

Other Recipes ([Subtext] two recipes)

[Pr.] *Habb-e naft* ["Pill of Petroleum"] Recipe

[Pr.] *Habb-e Farfiyūn* ["Pill of Euphorbia"] Recipe

Muxiang 木香 [costus, *Vladimiria souliei* and *Saussurea lappa*] Oil Recipe

[Pr.] *Shūnīz* [*Nigella sativa*] Seed Oil Recipe (Buell & Anderson, 2021: 397)

《回回药方》的英译本对中医中的"中风"病理进行了详细注疏,认为中风表现为运动不受控制,一般因为用力过度,或受惊,或登高,或大喜,则心主脉用力启动,身体挣扎,导致七窍缩小,肌肉里水分充多,造成肢体不受意志控制,进而产生麻痹、麻木的病症(With this disease, movement or the stopping of movement does not accord with the intention. If a person frequently overexerts himself, or suffers a fright, or climbs to a high place, or is overwhelmed by joy, the heart main artery strongly starts, and the body struggles)。布尔与安德森的英译参考了诸多《回回药方》的研究成果,主要有香港编译出版社 1996 出版的江润祥注解版的《回回药方》,以及中华书局 2000 年出版的宋岘考释的《回回药方考释》两卷本,属于学术性译著。《回回药方》等医药科技典籍的翻译给民族典籍译者的启示是,译者要遵循训诂学的基本原则和方法,广参注疏,博引仓雅,才能使译文兼具科学性、文学性和可接受性。

近年来,国家出台的《中医药发展战略规划纲要(2016—2030 年)》《"十三五"中医药科技创新专项规划》等系列文件,明确提出要加强少数民族医药工作,做好少数民族医药知识和传统文化的传承保护。少数民族医药典籍的翻译与研究工作,是推动中医药非物质文化遗产保护、传承、传播与发展的新契机和历史使命。

第三节　冶金类文献

少数民族地区土地面积辽阔,以有色金属等原材料为主的采选业主要集中在少数民族地区,因而许多少数民族在冶金、采矿和金属制造方面也有突出的贡献。清代,维吾尔族等边疆地区的矿业和铸造业发展规模已经达到一定水平,矿藏开采较多,各种金属制具和日用工具能够自己生产。《西域图志》卷四记载:"回部所产五金,有黄金、白金、红铜、黄铜,而无青铜,有铅、铁,锡不多产,又有水银、硇砂、硫磺、硝……亦有金钢钻,可以切玉",这表明维吾尔族人深知冶铸生铁之法,使用金属器具已经十分普遍。《维西见闻纪》对云南省少数民族人民从事开矿冶炼活动进行了描绘:"中土所有之物维西多有之……金沙,澜沧产金,其岸之山产银及铜,此亦滇所常有,不足纪。"少数民族作为这些矿产资源最早的开发和利用者,对中华民族矿业资源的开发以及冶铸业的发展起到了推动作用。近年来出版的一些科技史研究著作,如张增祺(2000)的《云南冶金史》、陈征平(2007)的《云南工业史》以及马琦(2011)的《国家资源:清代铜黔铅开发研究》,为少数民族冶金科技史研究与翻译提供了更为详尽的史料。

本杰明·W. 罗伯茨(Benjamin W. Roberts)与克里斯托弗·桑顿(Christopher Thornton, 2014)在《全球视野下的冶金学考古研究》(*Archaeometallurgy in Global Perspective*)一书中追溯了中国古代冶金发展史,认为少数民族地区的冶金活动也是有研究价值的。英国科学史研究专家李约瑟(Joseph Needham)花费50年撰写了《中国科学技术史》(*Science and Civilization in China*)多卷本,对中国古代冶金等科技史也进行了系统的研究,成为中国科学技术史对外译介上的一座里程碑。《大中华文库》中也收录了一些农学、手工业、数学、地理学和医学类科技典籍的英译版,然而国内外对少数民族科技典籍的研究与译介还比较匮乏,在对外翻译传播中还未得到应有的重视,在传播中国古代科技文化领域还亟待与科技研究者一道增进民族科技文化与世界的互动。

朱广贤(2019)在《国学方法论》中指出,在对外讲好中国传统故事的文化战略背景下,我们对国学的内涵和外延的理解也要具备新时代和新历史阶段的特征。国学并非仅限于儒学、道家、法家或其他某一家学说。反之,国学研究应着眼于全部中国文化的精华。国学也并不等于汉学,不能只研究古代汉族的重要典籍,还应该包括藏族、蒙古族、维吾尔族、彝族等少数民族关于历史、文学、哲学、语言、科技等方面的古代文献,这些均是国学研究的分支。从这个角度说,民族典籍的整理、研究和翻译,对系统解读中国文化精神,发挥翻译和传播在铸牢中华民族共同体意识中的重要作用,努力塑造可信、可爱、可敬的中国形象来说,是一项有意义和持久性的工程,需要国家相关部门精心地规划与实施,需要更多翻译学、民族学、科技史研究等跨学科力量的参与。

拓展阅读：中医史籍的宝库

A Cornucopia of Reference Works for the History of Chinese Medicine

As the history of medicine has evolved into a specialty, its practitioners have reconnoitred in many new directions. Scholars increasingly see the study of texts and careers, not as an end in itself, but as a means to explain the character and circumstances of change—changes in the social roots of medicine, and in clinical practice as well as in concepts. Studies of Chinese medicine have evolved more slowly than researches on European and American medicine. Few studies of China, by scholars East or West, are up to the standard current at the forefront of medical history. There are many reasons for this retardation. Not least among them have been the vast size of the primary literature and the dearth of reference tools. Since the late 1970's, however, compilation of dictionaries, bibliographies, and other aids has accelerated in China. There have been some notable contributions from Japan as well. A decade ago it was practically impossible to find one's way in more than a tiny fraction of the sources; now it is merely daunting. The purpose of this survey is to list and describe the most reliable and useful among a flood of reference sources that have appeared in the nineteen-eighties. I include a few older books that remain essential, and mention untrustworthy new works only when for some reason a warning is in order.

Orientation

The growth of postgraduate education in China has produced a number of reference handbooks, which introduce some combination of sources and methods. The best of these is Ji Wenhui (1986), which describes abroad and thoughtful choice of about 370 reference tools. It presupposes elementary training in sinology. Guo Aichun, a versatile and prolific scholar, has provided an excellent chronological table of medical history (1984). Although a great many dates are uncertain, his choices are on the whole reasonable. The book covers mainly books and authors to 1911, and only government regulations pertaining to medicine from 1911 to 1966. An overview of current issues in the history of basic medical doctrine is given by Wang Yuquan and Song Tianpin (1980). For ananalogous review of problems in the study of ancient writings on material medica see Xie Zongwan (1981).

For more recent reviews of scholarship, see the historical and other pertinent surveys in the *Yearbooks of Traditional Chinese Medicine* (Tan Yunhe, 1984).

Finding Primary Sources

Some historians have claimed that traditional medicine deteriorated after the Song dynasty, although I cannot recall this assertion coming from many one who is familiar with a significant portion of the post-Song literature. There are of course many ways to measure decline. There was certainly no decline in volume of publication. From the Ming on, a large proportion of introductory textbooks were in effect classified anthologies of *Huangdi nei jing* (黄帝内经), *Shang han lun* (伤寒论), and the Song-Yuan masters. Deeper writings also proliferated. They provide clues about what was happening at the frontiers of medicine, but there are few aids to finding one's way among them.

In addition to improved catalogues, we now have several reference works that compactly describe early medical books, and diverse collections that bring scattered texts together in handy form.

On authenticity and related matters Tamba no Mototane's *Iseki Ko* (医籍考) (studies on medical books, 1819)and Okanishi (1958) are handy as ever for information about individual titles. Ma Jixing (1982) provides (in preliminary form) a magisterial introduction to the critical study of authenticity, filiation, and interrelations of important texts, especially those of the Song and earlier. Ma's indefatigable labors of collection and colligation have solved many problems about which less assiduous scholars could offer only opinions.

The most complete list of extant primary sources for traditional medicine remains *Zhongyi Yanjiu Yuan & Beijing Tushuguan* (1961), a preliminary publication. It enumerates every known edition of over six thousand books in the fifty largest Chinese collections, with information on their location. Books are arranged by subject and date (many of the latter are provisional, and should be checked in recent monographs before use). These books appear under nearly eight thousand titles, since minor variations and alternate names are not unusual. A revised edition, which will include roughly eight thousand distinct books (about thirteen thousand titles) in over a hundred libraries, is nearly ready for the printer. No such union catalogue is available for Japanese holdings.

(Selected from Sivin, N. A Cornucopia of Reference Works for the History of Chinese Medicine [J]. *Nathan Chinese Science*, 1989(9): 29-52.)

参考文献

Acar, H. V. Humoral Pathology Theory in the *Kutadgu Bilig (Wisdom of Royal Glory)*: A Karakhanid Turkic Work from the 11th Century[J]. *Erciyes Medical Journal*, 2019(4): 462-466.

Atwood, C. *A Collection of Books on Mongolia and Inner Asia*[M]. London: Penguin Classics, 1986.

Atwood, C. *Encyclopedia of Mongolian and the Mongol Empire*[M]. New York: Facts On File, 2004.

Atwood, C. *The Secret History of the Mongols*[M]. London: Penguin Classics, 2023.

Bender, M. *Butterfly Mother: Miao (Hmong) Creation Epics from Guizhou, China*[M]. Cambridge: Hackett Publishing Company, 2006.

Bender, M. *The Columbia Anthology of Chinese Folk and Popular Literature*[M]. New York: Columbia University Press, 2011.

Bender, M. *The Nuosu Book of Origins: A Creation Epic from Southwest China*[M]. Seattle: University of Washington Press, 2019.

Berger, H. M, & M. T. Carroll. *Global Pop, Local Language*[M]. Mississippi: University Press of Mississippi, 2003.

Bhandari, R. *Ethnobotany: The Renaissance of Traditional Herbal Medicine*[M]. Delhi: Cyber Tech Publications, 2010.

Bosson, J. E. *A Treasury of Aphoristic Jewels: The Subhāṣitaratnanidhi of Sa Skya Pandita in Tibetan and Mongolian*[M]. Bloomington: Indiana University, 1969.

Bougdaeva, S. *Jangar: The Heroic Epic of the Kalmyk Nomads*[M]. Berkeley: University of California Press, 2023

Bradley, D. Language policy for China's minorities Orthography development for the Yi[J]. *Written Language & Literacy*, 2009 (12): 170-187.

Buell, P., & E. Anderson. *Arabic Medicine in China: Tradition, Innovation, and Change*[M]. Leiden: Brill, 2021.

Bulag, U. E. *The Mongols at China's Edge: History and the Politics of National Unity*[M]. Lanham: Rowman & Littlefield Publishers, 2002.

Cabezón, J. I. *The Just King: The Tibetan Buddhist Classic on Leading an Ethical Life*[M]. Boulder: Shambhala, 2017.

Chabrowski, I. I. *Singing on the River: Sichuan Boatmen and Their Work Songs, 1880s-1930s*[M]. Leiden: Brill, 2015.

Cleaves, W. C. *The Secret History of the Mongols*[M]. Cambridge: Harvard University Press, 1982.

Dankoff, R. *Wisdom of Royal Glory (Kutadgu Bilig): A Turko-Islamic Mirror for Princes*[M]. Chicago: University of Chicago Press, 1983.

Davis, E. L. *Encyclopedia of Contemporary Chinese Culture*[M]. London: Routledge, 2005.

Davenport, J. T. *Ordinary Wisdom: Sakya Pandita's Treasury of Good Advice*[M]. Boston: Wisdom Publications, 2000.

Deal, M. D., & L. Hostetler. *The Art of Ethnography: A Chinese Miao Album*[M]. Seattle: University of Washington Press, 2006.

Delisle, J., & J. Woodsworth. *Translators through the History*[M]. Amsterdam: John Benjamins, 1995.

Dillon, M. *Xinjiang: China's Muslim Far North West*[M]. London: Routledge, 2004.

Evans, J., & J. A. Youngquist. *Encyclopedia of Forest Sciences*[M]. New York: American Academic Press, 2004.

Friesen, A., & B. Friesen. *The Herbal Power of Orchids*[M]. München: W. Zuckschwerdt Bhandari, 2012.

Grundmann, J. P. A Preliminary Comparison of Creation Myths and the Origins of Man in Epics from China and Beyond[C]// Tsung-i Jao, et al. *Space, Time, Myth, and Morals: A Selection of Jao Tsung-i's Studies on Cosmological Thought in Early China and Beyond*[C]. Leiden: Brill, 2022: 122-123.

Hatto, A.T. *The Manas of Wilhelm Radlof*[M]. Wiesbaden: Harrassowitz, 1990.

Harris, R. Reviewed Work: *Echoes of History: Naxi Music in Modern China*[J]. *The World of Music*, 2001, *43*(2): 236-239.

Hartley, L. R. A Socio-Historical Study of the Kingdom of Sde-dge (Derge, Kham) in the Late Nineteenth Century: Ris-med Views of Alliance and Authority[D]. Bloomington: Indiana University, 1997.

Hong, D. Y., & S. Blackmore. *Plants of China: A Companion to the Flora of China*[M]. Cambridge: Cambridge University Press, 2015.

Fairlee, C. Review *"Butterfly Mother: Miao (Hmong) Creation Epics from Guizhou, China"*[J]. *Journal of American Folklore*, 2011(124): 328-330.

Harris, R. Music, Identity and Representation: Ethnic Minority Music in Xinjiang, China[D]. London: University of London, 1998.

Holm, D., & Meng Yuanyao. *Hanvueng: The Goose King and the Ancestral King (An Epic from Guangxi in Southern China)* [M]. Leiden: Brill, 2015.

Kircher, N. Exploring Naxi Baisha Xiyue[D]. Lynchburg: Liberty University, 2014.

Kornman, R. *The Epic of Gesar of Ling Gesar's Magical Birth, Early Years, and Coronation as King*[M]. Boston: Shambhala, 2012.

Liang Yanjun, et al. *The Epics of China*[M]. New York: American Academic Press, 2020.

Lipkin, S. *Djangar: Kalmyk National Epic*[M]. Elista: Kalmyk Book Publishers, 1940.

Lo, V., et al. *Routledge Handbook of Chinese Medicine*[M]. London: Routledge, 2022.

Lord, A. B. *The Singer of Tales*[M]. Cambridge: Harvard University Press, 1960.

Martin, J. R. Meaning Beyond the Clause: Self Perspectives[J]. *Annual Review of Applied Linguistics*, 2002(22): 52-74.

May, W. *Manas: The Kyrgyz Heroic Epos in Four Parts*[M]. Moscow: Raritet, 2004.

Meserve, R. I. Chinese Hippology and Hippiatry: Government Bureaucracy and Inner Asian Influence[J]. *Zeitschrift der Deutschen Morgenländischen Gesellschaft*, 1998 (2): 277-314.

Modwel, N. Y., & S. Sarkar. *Oral Traditions, Continuities and Transformations in Northeast India and Beyond*[M]. London: Routledge, 2020.

Parry, M. *L'Épithète Traditionnelle dans Homère: Essai sur un Problème de Style Homérique*[M]. Paris: Société d'éditions, 1928.

Rachewiltz, I. D. *The Secret History of the Mongols: A Mongolian Epic Chronicle of the Thirteenth Century*[M]. Leiden: Brill Academic Publishers, 2004.

Rees, H. *Echoes of History Naxi Music in Modern China*[M]. Oxford: Oxford University Press, 2000.

Roberts, B. W., & C. P. Thornton. *Archaeometallurgy in Global Perspective: Methods and Syntheses*[M]. New York: Springer, 2014.

Roberts, P. *Going Soft? The US and China Go Global*[M]. Newcastle upon Tyne: Cambridge Scholars Publishing, 2014.

Roddy, S. A. Love of Labor: The Ethnographic Turn of Zhuzhici[J]. *Journal of Chinese Humanities*, 2022 (3): 258-285.

Schipper, M., & Yin Hubin. *Epics and Heroes in China's Minority Culture*[M]. Guilin: Guangxi Normal University Press, 2004.

Schottenhammer, A. Huihui Medicine and Medicinal Drugs in Yuan China[C] // Morris Rossabi. *Eurasian Influences on Yuan China*. Singapore: ISEAS Publishing, 2013: 75-102.

Silbergeld, J. *China into Film: Frames of Reference in Contemporary Chinese Cinema*[M]. London: Reaktion Books, 2000.

Singh, R. J. *Genetic Resources, Chromosome Engineering, and Crop Improvement*[M]. London: Routledge, 2012.

Stone, R. M. *The Garland Encyclopedia of World Music*[M]. London: Routledge, 2017.

Stone, N. Poetics in the Ethnographic[J]. *Commoning Ethnography*, 2018 (1): 46-53.

Sue, T. Imagining the Chinese Tradition: The Case of Hua'er Songs, Festivals, and Scholarship[D]. Bloomington: Indiana University, 1988.

Thomas, F. W. *Ancient Folk-Literature from North-Eastern Tibet*[M]. Berlin: Akademie Verlag, 1957.

Tolman, H. C. *Art of Translating*[M]. Hawaii: University Press of the Pacific, 2003.

Voskresenskiĭ, A. *Cranks, Knaves and Jokers of the Celestial: Chinese Parables and Funny Stories*[M]. Commack: Nova Science, 1997.

Witzel, M. *The Origins of the World's Mythologies*[M]. Oxford: Oxford University Press, 2013.

Yang, G. *Ashima*: The Oldest Sani Ballad[J]. *Chinese Literature*, 1955 (1): 181-185.

Yang, G. *Ashima*[M]. Beijing: Foreign Language Press, 1957.

Yang, G. *The Peacock Maiden and Other Folktales from China*[M]. Beijing: Foreign Language Press, 1958.

Yang, G. *Third Sister Liu: An Opera in Eight Scenes*[M]. Beijing: Foreign Languages Press,1962.

Yang, Y. *Meta-functional Equivalent Translation of Chinese Folk Song: Meta-functional Equivalence: A New View of Translation*[M]. New York: Springer, 2023.

Yok, E. S. *Selected Parts of Kutadgu Bilig*[M]. Translated by Havva Aslan. İstanbul: Profil Yayincilik, 2014.

Yuan, Haiwang. *Princess Peacock: Tales from the Other Peoples of China*[M]. London: Bloomsbury Publishing, 2008.

陈佛松 . 世界文化史概要 [M]. 武汉：华中科技大学出版社，2001.

陈海玉 . 少数民族科技古籍文献遗存研究 [M]. 北京：中国社会科学出版社，2015.

陈兆复 . 中国少数民族美术史 [M]. 北京：中央民族大学出版社，2010.

陈征平 . 云南工业史 [M]. 昆明：云南大学出版社，2007.

帝玛尔·丹增彭措 . 晶珠本草 [M]. 毛继祖，等，译 . 上海：上海科学技术出版社,1986.

帝玛尔·丹增彭措.晶珠本草正本诠释[M].罗达尚译.成都:四川科学技术
出版社,2018.

鄂嫩哈拉·苏日台.中国北方民族美术史料[M].上海:上海人民美术出版
社,1990.

冯元蔚.勒俄特依(彝族古典长诗)[M].北京:中国国际广播出版社,2016.

古远清.文艺新学科手册[M].武汉:华中理工大学出版社,1988.

韩家权,等.布洛陀史诗(壮汉英对照)[M].南宁:广西人民出版社,2012.

郝会肖,任佳佳.傣族叙事诗《召树屯》英译研究与实践[M].昆明:云南大
学出版社,2022.

和品正.纳西族东巴文字画[M].昆明:云南民族出版社,2002.

黄铁.阿诗玛[M].昆明:云南人民出版社,2008.

黄中习.壮族创世史诗《布洛陀》文化特色词的英译研究[J].广西师范大学
学报(哲学社会科学版),2012(2):151-154.

焦鹏帅."五个在场"模式下彝族史诗翻译研究——以《勒俄特依》跨国合作
英译为例[J].中国翻译,2022,43(1):56-63.

荆文礼.天宫大战[M].长春:吉林人民出版社,2019.

李粉华.亚瑟·哈图与《玛纳斯》史诗的英译[J].西北民族研究,2016(4):
45-54.

李正栓.典籍英译专题研究——主持人语[J].语言教育,2015(2):11.

李正栓.藏族格言诗英译[M].长春:长春出版社,2013.

李正栓.藏族格言诗英译研究与实践[M].北京:中央民族大学出版社,
2020.

李正栓,等.国王修身论(汉英对照)[M].加德满都:天利出版文化,2017.

廖志恩.壮族嘹歌与苏格兰民歌中思维原型对比研究——以壮族嘹歌之
《三月歌》和苏格兰民歌"The Twa Corbies"为例[J].百色学院学报,
2012(4):80-84.

陆莲枝.壮族《布洛陀》英译中的文化传递模式——析《赎魂经》两个英译
本[J].民族翻译,2017(1):33-40.

马琦.国家资源:清代滇铜黔铅开发研究[D].昆明:云南大学,2011.

马学良,今旦. 苗族史诗[M]. 北京:中国民间文艺出版社,1983.

马学良,等. 中国少数民族文学史[M]. 北京:中央民族大学出版社,2001.

普罗普,李连荣. 英雄史诗的一般定义[J]. 民族文学研究,2000(2):91-94.

普学旺. 彝族原始宗教绘画[M]. 昆明:云南民族出版社,2005.

普学旺. 云南少数民族绘画典籍集成[M]. 昆明:云南美术出版社,2016.

普学旺. 云南少数民族传统绘画[M]. 昆明:云南美术出版社,2018.

潜明兹. 中国少数民族英雄史诗[M]. 北京:商务印书馆,1996.

王治国. 《苗族史诗》中民俗事象翻译的民族志阐释[J]. 民俗研究,
     2017(1):116-121.

武斌. 中国接受海外文化史:中西交通与文化互鉴(第3卷)[M]. 广州:广东
     人民出版社,2022.

吴蓉,田兴斌. 苗族古歌译介现状及策略研究[C]. 贵州省翻译工作者协会
     2019年年会暨学术研讨会论文集,2019:32-38.

吴雅迪,王霄冰. 德国和捷克藏贵州"苗图"[M]. 西安:陕西师范大学出版
     社,2022.

武宇林. 中国花儿通论[M]. 银川:宁夏人民出版社,2008.

肖怀勇. 英译漫谈及"花儿"译赏[M]. 兰州:甘肃人民出版社,2008.

邢力. 蒙古族历史文学名著《蒙古秘史》的英译研究[J]. 民族文学研究,
     2007(1):160-166.

杨艳华,等. 少数民族《南方史诗论》[M]. 大连:辽宁师范大学出版社,2019.

叶舒宪. 英雄与太阳:中国上古史诗原型重构[M]. 西安:陕西人民出版社,
     2020.

喻锋平. 畲族史诗《高皇歌》英译研究[M]. 杭州:浙江工商大学出版社,
     2018.

赵婧. 论云南少数民族绘画典籍[J]. 昆明学院学报,2018(1):101-107.

张纯德. 彝族古代毕摩绘画[M]. 昆明:云南大学出版社,2003.

张新泰. 新疆少数民族民俗民情绘画卷[M]. 乌鲁木齐:新疆美术摄影出版
     社,2009.

张增祺. 云南冶金史[M]. 昆明:云南美术出版社,2000.

张志刚. 少郎和岱夫[M]. 北京:民族出版社,2012.

甄艳,蔡景峰．中国少数民族医学（中英对照）[M]．北京：中国中医药出版社,2006.

朱崇先．中国少数民族古籍学[M]．北京：中央民族大学出版社,2017.

朱广贤．国学方法论[M]．北京：北京大学出版社,2019.

附 录

国家级非物质文化遗产代表性项目名录（少数民族典籍部分）*

一、民族文学

1. 苗族古歌 Miao Ancient Songs

苗族古歌内容包括宇宙的诞生、人类和物种的起源、开天辟地、初民时期的滔天洪水、苗族的大迁徙、苗族的古代社会制度和日常生产生活等，是苗族古代神话的总汇。苗族古歌古词神话大多在鼓社祭、婚丧活动、亲友聚会和节日等场合演唱。苗族古歌是一个民族的心灵记忆，是苗族古代社会的百科全书和"经典"，具有史学、民族学、哲学、人类学等多方面价值。

2.《布洛陀》*Baeuqloegdoz*

布洛陀是壮族先民口头文学中的神话人物，是创世神、始祖神和道德神。《布洛陀》是壮族的长篇诗体创世神话，主要记述布洛陀开天辟地、创造人类的丰功伟绩。大约从明代起，在口头传唱的同时，也以古壮字书写的形式保存下来。《布洛陀》内容包括布洛陀创造天地、造人、造万物、造土皇帝、造文字历书和造伦理道德六个方面，反映了人类从蒙昧时代走向农耕文明时代的历史，以及壮族先民氏族部落社会的情况，在历史学、文学、宗教学、古文字学、

---

* 统计数据和信息源自中国非物质文化遗产数字博物馆（ihchina. cn），英译名语料出自 Google Books 等外文数据库。

音韵学和音乐学研究等方面有一定的学术价值。

3.《遮帕麻和遮咪麻》*The Achang Zhepama and Zhemima Epic*

《遮帕麻和遮咪麻》是阿昌族长篇诗体创世神话，以唱诗和口头白话两种形式传承至今。故事讲述了阿昌族始祖遮帕麻和遮咪麻造天织地、制服洪荒、创造人类、智斗邪魔最终使宇宙恢复和平景象的过程。《遮帕麻和遮咪麻》是一部叙述创世的长诗，同时也形象地反映了人类从母权制向父权制过渡的历史现实。

4.《牡帕密帕》*The Mupamipa (Creating Heaven, Creating Earth) Legend*

《牡帕密帕》是拉祜族长篇诗体创世神话。全诗共 17 个篇章，2 300 行，内容叙述造天地日月、造万物和人类以及人类初始阶段的生存状况等，是拉祜族人民传承历史悠久的口述文学精品。《牡帕密帕》唱词通俗简练，格律固定，对偶句居多。曲调优美动听，演唱以字行腔，有说唱文学特点。

5. 满族说部 Traditional Manchu Oral Literary Art "Ulabun"

满族说部是满族古老的民间长篇说唱艺术，满语称"乌勒本"（ulabun），义为"传"或"传记"。满族说部风格严肃，气势恢宏，主要包括氏族部落崛起、蛮荒古祭、开拓创业、英雄史传、民族习俗和生产生活知识等内容，被称为北方民族的百科全书，是民族史、疆域史、民族关系史以及人类学、社会学和民俗学研究的珍贵资料，丰富了世界文化宝库。

6. 刘三姐歌谣 Third Sister Liu's Song

刘三姐被广西壮族人民视为"歌仙"，刘三姐歌谣大体分为生活歌、生产歌、爱情歌、仪式歌、谜语歌、故事歌及创世古歌七大类，它具有以歌代言的诗性特点和鲜明的民族性，传承比较完整，歌谣种类丰富多样，传播广泛。刘三姐歌谣在世界范围内产生了深远的影响，显示了中华民族民间传统艺术活态文化的魅力。

7.《玛纳斯》*Manas*

《玛纳斯》是柯尔克孜族的英雄史诗，描写了英雄玛纳斯及其子孙率领柯尔克孜人民与外来侵略者进行斗争的事迹。《玛纳斯》体现了柯尔克孜人民族性格和团结一致的民族精神。《玛纳斯》内容包括柯尔克孜古老的神话、传说、习俗歌、民间叙事诗与民间谚语，是柯尔克孜民间文学的集成。

8.《江格尔》*The Khan Jangar*

《江格尔》是蒙古族英雄史诗，主要流传于中国新疆维吾尔自治区阿尔泰山一带的蒙古族聚居区，也流传于俄罗斯、蒙古国的蒙古族中，是跨国界的大史诗。这部史诗描述了以江格尔为首的大将和勇士为保卫家乡同邪恶势力进行艰苦斗争并终于取得胜利的故事，深刻地反映了蒙古族人民的生活理想和美学追求，具有很高的艺术价值。

9.《格萨尔》*The Epic of Gesar of Ling*

《格萨尔》也是多民族民间文化可持续发展的见证，代表着古代藏族、蒙古族民间文化与口头叙事艺术的最高成就。《格萨尔》是相关族群社区宗教信仰、本土知识、民间智慧、族群记忆的主要载体，是唐卡、藏戏、弹唱等传统民间艺术创作的灵感源泉。《格萨尔》在多民族中传播，是传承民族文化、凝聚民族精神的重要纽带，更是各民族相互交流和相互理解的生动见证。

10.《阿诗玛》*Ashma*

《阿诗玛》是彝族支系撒尼人的叙事长诗。它使用口传诗体语言，讲述或演唱阿诗玛的故事。阿诗玛不屈不挠地同强权势力做斗争的故事，反映了彝族撒尼人英勇不屈、追求真善美的民族性格和民族精神。《阿诗玛》以五言句传唱，其中使用了夸张、讽刺、比喻等修辞手法，内容和形式有机统一。《阿诗玛》自20世纪50年代初译为汉文以来，被翻译成英语、法语、德语、西班牙语、俄语、日语、韩语等多种语言在海外流传，被改编成电影、广播剧、歌舞剧、儿童剧等多种艺术形式。

11.《拉仁布与吉门索》*Larenbu and Gimenso*

《拉仁布与吉门索》是土族民间长诗，是用土族口语创作并演唱的活态的口头文学形式。这部叙事长诗记述了穷人拉仁布和牧主的妹妹吉门索的爱情悲剧。全诗以讲唱为主，共分8个章节，是土族劳动人民集体智慧的结晶。《拉仁布与吉门索》完全用土语演唱，具有广泛的群众性和独特的民族特色，为民族学、语言学和土族社会学研究提供了生动的素材。另外，《拉仁布与吉门索》

所描述的故事反映了土族从游牧生产方式逐步转向农业生产方式的一个侧面，具有重要的历史研究价值。

12. 畲族小说歌 Folk Song of the She Nationality

畲族小说歌取材于我国民间戏曲、曲艺中流传的故事。清代畲族歌手中一些能识字的人将汉族章回小说和评话唱本改编为本民族山歌口头唱本和手抄唱本，后逐渐在本民族流传的英雄人物事迹的基础上，结合本民族历史创作了一些作品，如《高皇歌》《历期歌》《钟良弼》《十贤歌》。小说歌作为长篇故事歌，是畲族民众创造的独特的文学样式和文化载体。

13.《嘎达梅林》Gada Meilin

《嘎达梅林》是蒙古族长篇叙事歌，以 20 世纪 30 年代发生在科尔沁左翼中旗的嘎达梅林起义事件为素材，全面记叙了嘎达梅林率领贫苦牧民反抗封建王公和军阀政府掠夺土地的正义斗争，塑造了嘎达梅林正义英勇的民族英雄形象。《嘎达梅林》情节生动曲折，语言凝练，曲调优美，具有极强的艺术感染力和珍贵的文学、音乐价值。

14.《仰阿莎》Yang'asha

《仰阿莎》是苗族长篇叙事歌，长达万余行，是迄今为止发现的苗族最长的叙事歌。它的内容是关于一个热情、善良、智慧的苗族姑娘的凄美爱情故事。以盘歌形式演唱，具有鲜明的民族特色，在苗族文学史上居于较高的地位，对苗族的歌谣特别是叙事歌的发展有重大的促进作用。

15. 布依族盘歌 Buyi Pan Song

布依族盘歌涉及政治、经济、文化、社会、伦理道德、原始宗教等众多领域，对布依族人特有的心理特征和情感倾向都有生动描述，是布依族历史、文化的重要载体，可以说它是布依族人的一部无字百科全书，具有珍贵的文化、历史和研究价值。

16.《梅葛》Meige: Yi Epic

《梅葛》是彝族历史叙事长诗，长达 5 700 余行，分为"创世""造物""婚事和恋歌""丧葬"四个部分，主要唱述开天辟地、创世立业的内容，同时也反映彝族群众的劳动和生活,勾画了彝族古代发展历史、彝族先民生产劳动和社会生活的轮廓,展示了古代彝族先民的恋爱、婚事、丧葬、怀亲等风俗,具有重要的民俗学、文学研究价值。

17.《查姆》*Chamu*

《查姆》以神话传说的方式记述了人类、万物的起源和发展的历史,由通晓彝文的毕摩(彝族祭司)用彝文传承。查姆上部内容包括开天辟地、洪水泛滥、人类起源、万物起源等;下部内容包括天文地理、占卜历算、诗歌文学等,是一部彝族百科全书。

18.《达古达楞格莱标》*Daguda Lenglai Mark*

《达古达楞格莱标》是德昂族民间创世神话史诗。达古达楞格莱标是德昂族先民植物崇拜(茶神)的自然产物,是集体创作的部落故事。原傣文抄本长约 2 000 行,由"序歌""茶神下凡诞生人类""光明与黑暗的斗争""战胜洪水和恶势力""百花百果的由来与腰箍的来历"及"先祖的诞生和各民族的繁衍"六部分组成。史诗主要讲述德昂民族的诞生与发展,以及德昂人同大自然顽强斗争的艰苦历史,揭示了德昂族的悠久茶文化的历史渊源。

19. 哈尼哈吧 Haqniq Halbaq, ancient songs of the Hani Nationality

哈尼哈吧是哈尼古歌,是哈尼族流传广泛、影响深远的民间歌谣。哈尼哈吧的内容涉及哈尼族古代社会的生产劳动、原始宗教祭典、人文规范、伦理道德、婚嫁丧葬、吃穿用住、文学艺术等方面,是世世代代以梯田农耕生产生活为核心的哈尼族人教化风俗、规范人生的百科全书。哈尼哈吧的代表性作品有哈尼古歌《窝果策尼果》《哈尼阿培聪坡坡》《十二奴局》等。

20.《召树屯与喃木诺娜》*Chaoshutun and Nannona*

《召树屯与喃木诺娜》是傣族流传最广泛的爱情赞美诗。用傣泐文记载、傣泐语吟唱的《召树屯与喃木诺娜》,以傣族独特的艺术手法栩栩如生地塑造了召树与喃木诺娜这两个代表傣族典型性格、怀有傣族人民理想追求的完美形象。

21.《米拉尕黑》*Mila Gahei*

《米拉尕黑》是东乡族最著名的民间长诗,长诗叙说一位名叫米拉尕黑的青年猎手在结婚前夕与心爱的未婚妻玛芝露分别,为了保家卫国而毅然奔赴前线,最终经历千难万险与玛芝露一起过上了美好幸福的生活的故事。这部长诗共 500 多行,反映了东乡族人民向往和平、追求自由幸福生活的美好理想。

22. 康巴拉伊 Kangba Layi

康巴拉伊是藏族传统韵文体说唱形式,由 12 部分组成,是藏族青年男女表达感情的重要形式。康巴拉伊说唱内容包括祭歌、颂歌、引歌、启歌、竞歌、谜语歌、汇歌、恋歌、别离歌、贬歌、咒歌及吉祥祝福歌等,为藏族民间诗歌集成。

23.《汗青格勒》*Han Chengel, Mongolian Heroic Epic*

《汗青格勒》是蒙古族英雄史诗。史诗以形象生动的语言讲述了蒙古族英雄汗青格勒通过一系列艰苦卓绝的斗争,从魔窟中解救出受苦受难百姓的故事。史诗通过对英雄人物丰功伟绩的歌颂,表达了蒙古族人民追求和平、自由、平等的崇高理想。

24. 哈萨克族达斯坦 Dastan of the Kazak Nationality

哈萨克族达斯坦包括神话、传说及内容丰富的生活故事等,是哈萨克族民间文学中最古老的文学种类,其创作与哈萨克族历史上的重大事件有关,内容包括哈萨克族神话、传说、诗歌、谚语和故事等,一般由比较固定的曲调演唱,根据内容可分为英雄长诗、爱情长诗、历史长诗等。

25.《珠郎娘美》*Zhulang and Niangmei*

《珠郎娘美》是侗族民间故事,它讲述了勤劳朴实的英俊后生珠郎与心灵手巧的美丽姑娘娘美之间动人的爱情故事,是侗族传统民间艺术作品的代表,在民族学、民俗学、语言学、伦理学、美学及族际文化艺术交流等方面都具有重要文化价值。

26. 司岗里 Sigangli

司岗里是佤族民间口述文学。司岗里包括佤族神话、传说、故事等,内容涉及天文地理、人文风情,是研究佤族先民宇宙观、世界观、人生观的重要文献资料。

27. 苗族贾理 Miao Reasoning Verses and Sayings

苗族贾理是苗族经典的历史文化记忆集成,它集创世神话、族源传说、支系谱牒、知识技艺、原始宗教信俗、民俗仪礼、伦理道德于一体,集中反映了苗族的精神情感和智慧意识。贾理是苗族言史述典的范本,也是苗族先民所遵循的道德准则。

28.《梯玛歌》*Tima Songs*

《梯玛歌》是土家族长篇史诗,以"梯玛日"仪式为传承载体,长达数万行。土家族《梯玛歌》集诗、歌、乐、舞于一体,表现开天辟地、人类繁衍、民族祭祀、民族迁徙、狩猎农耕及饮食起居等历史和社会生活内容,属于韵文和散文的综合体,具有文学性和艺术性。

29. 壮族嘹歌 The Liaoge Songs of the Zhuang of Pingguo: Daytime Songs

壮族嘹歌是著名的壮族长篇古歌。壮族嘹歌全部用古壮字传抄流行,反映了壮族劳动、生产、生活、爱情、婚姻、发展历史等方面的状况,以书写传承与口头传承相结合。壮族嘹歌用鲜明的艺术形象表达思想感情,在抒情的气氛中展开故事情节。其中蕴涵的基本词汇、构词方式、语法结构等体现出古壮语丰富的文化内涵,具有重要的民俗学和古文化研究价值。

30. 柯尔克孜约隆 Yuelong: An Ancient Ballad on the Pamir Plateau

柯尔克孜约隆是帕米尔克普恰克部落特有的习俗歌,包括劝嫁约隆、迎客约隆、谜语约隆、对唱约隆、讽刺约隆、劝善约隆、弹拨约隆等。在婚礼中,歌手们常以劝善约隆的形式对新婚夫妇进行善恶是非、同胞情谊、和睦友善、人格尊严等方面的教育和引导。

31. 锡伯族民间故事 Folk Tales from Sibo Nationality

锡伯族民间故事以口头形态流传,是非常珍贵的民族非物质文化遗产,反映了锡伯族从古代鲜卑先民时代至今的历史发展进程,折射着锡伯族先民社会的史实与状况,展现了民族心理的嬗变过程。锡伯族民间故事具填补了锡伯族文学史上没有系统反映民族历史的文学作品的空白,具有重要的历史文化与科学价值。

32. 湘西土家族哭嫁歌 Wailing Songs at Wedding of the Xiangxi Tujia Nationality

土家族哭嫁歌是以土家语演唱的长篇民间叙事歌谣。"哭嫁"是土家族婚嫁礼仪程序中的一种重要礼俗,体现了土家族独特的文化意识。土家族哭嫁歌在艺术风格上语言朴素、形象生动、音韵和谐,在表现手法上,普遍采用了比兴、比拟、夸张等修辞手法。以女子口头文学方式传承的土家族哭嫁歌,对研究和发展中国民间文学具有较高的学术价值。

33. 陶克陶胡 Tauke Tauhu

陶克陶胡是蒙古族说唱体民间文学,是以蒙古族长篇叙事琴书,即乌力格尔说唱为主,以民歌和多种传说、故事为内容的文学版本。陶克陶胡故事情节生动曲折,语言凝练,曲调跌宕起伏,具有极强的艺术感染力,具有很高的文学、历史学和民族学价值。

34.《密洛陀》*Miluotuo*

《密洛陀》是瑶族的一部创世史诗。密洛陀是人类的母神,她用风和气流创造了宇宙万物——山、川、平地、湖、海、森林及生物。史诗表达了瑶族人民征服和改造大自然的愿望和坚忍不拔的民族精神。

35.《亚鲁王》*King Yalu*

《亚鲁王》是苗族的一部英雄史诗,史诗唱述亚鲁王国立国、创业、繁荣以及迁徙征战的故事。

36.《目瑙斋瓦》*Manao Jaiwa*

《目瑙斋瓦》是景颇族的创世史诗,长达 8 900 行,分为六章,主要讲述了天地万物的形成、人类的诞生、创世英雄、大地洪水、寻找财富、《目瑙纵歌》舞、大地上的生活等。史诗是研究景颇族诞生、迁徙、原始宗教起源、婚姻制度演变及民族交往的珍贵资料,有很高的学术和艺术价值。

37.《洛奇洛耶与扎斯扎依》*Loqqiqloqyil and Zaqsiilzaqyil: Narrative Poem of Hani*

《洛奇洛耶与扎斯扎依》是哈尼族碧约人口传叙事长诗。洛奇洛耶与扎斯扎依,是长诗中的两位青年,男为英雄智慧的化身,女为美丽纯真的代表。

全诗将哈尼族人民对英雄的特殊爱戴表现得淋漓尽致,充分体现了哈尼族坚强的民族性格。

38.《阿细先基》*Axi Xianji*

《阿细先基》是彝族支系阿细人的创世史诗,诗篇全文约计 2 000 行,由"引子""最古的时候""男女说合成一家""尾声"四部分组成。内容包括神话传说、爱情与婚姻以及早期阿细人的民族生活与风俗习惯。

39.《羌戈大战》*Qiang-Ge War*

《羌戈大战》是羌族的英雄史诗。史诗记述了羌族先民从西北高原南迁的历史进程。史诗长达 600 余行,由"序歌""羊皮鼓的来源""大雪山的来源""羌戈相遇""寻找神牛""羌戈大战""重建家园"七个部分组成。史诗文辞优美,包含了大量远古的历史、文化、民俗等信息。

40.《百鸟衣》*Legend of the Hundred Birds Costume*

《百鸟衣》是壮族广泛流传的民间故事。它叙述贫苦农民古卡的妻子依娌被土司抢掠,古卡用羽毛制成神衣,历尽艰辛,借献衣之机杀死土司、夺取骏马、夫妻团圆的故事。

41.《盘王大歌》*The Complete Panwang Ballads*

《盘王大歌》是瑶族民间的诗歌总集,是瑶族人民世世代代在祭祀盘王的礼仪活动和生产、生活中创作产生并不断发展丰富的古老歌谣,是具有鲜明民族特色的民间文学。

42.《玛牧特依》*Hmamu Teyy*

《玛牧特依》是彝族的教育经典典籍,内容广泛,涉及历史、地理、天文、历法、典章制度等各方面,但它的核心是道德教育方面的内容。

43.《黑白战争》*The Black and White War*

纳西族英雄史诗,通过描写两个部落争夺象征光明的日月的战争,传达了光明终将战胜黑暗的主题,堪称我国少数民族英雄史诗的典范之作。

44. 仫佬族古歌 Ancient Songs of the Mulam Nationality

仫佬族古歌内容分为古条歌、随口答和口风歌。古条歌为长篇叙事诗,文辞固定，内容多歌唱历史事件、英雄故事、民间传说等。《今古对唱》是现存最完整的长篇历史叙事歌谣，讲述从盘古开天辟地到辛亥革命的漫长历史；随口答无固定歌词，即兴创作，包含猜谜歌、爱情歌、礼俗歌等；口风歌即驳口歌，言辞尖锐，互为讽刺、挑逗或赞美，亦为即兴演唱。仫佬族古歌有 90 种句式，内容丰富，形式多样。

45.《都玛简收》*Dulma Jeiseq*

哈尼族史诗《都玛简收》描述了美丽的哈尼女子都玛简收出生、成长、谈情、逼婚、逃婚到流浪，最后回归天界的悲剧神话，全诗共 11 个章节，2 487 行，用哈尼族母语"拉巴"（酒歌）的形式演唱，传播了哈尼族生产生活知识以及崇拜自然、亲和自然的思想观念。

46.《阿凡提的故事》*Story of Effendi*

《阿凡提的故事》是一系列以纳斯尔丁·阿凡提这个传奇人物为主人公的维吾尔民间幽默故事的总称。阿凡提是维吾尔族劳动人民在反抗历代反动统治阶级和封建世俗观念的斗争中塑造出来的一个理想化形象。他勤劳、勇敢、幽默、乐观，富于智慧和正义感，敢于蔑视反动统治阶级和一切腐朽势力，反映了劳动人民的利益和愿望，是一个深为新疆各族人民喜爱的艺术人物。

47. 伊玛堪 Yimakan

赫哲族一种特有的口述传统表达形式（伊玛堪），采用散韵兼行的方式，包含了许多独立的叙事篇章，讲述部落之间的征战与联盟，以及赫哲族英雄降妖伏魔、打败入侵者的故事。这种口头的文化遗产表达了捍卫民族特性和领土完整的意愿，同时也保留了萨满祭祀、捕鱼和狩猎的传统知识。

二、传统音乐

1. 蒙古族长调民歌 Mongolian Long Tune Folk Song

根据蒙古族音乐文化的历史渊源和音乐形态的现状，长调可界定为一种由北方草原游牧民族在畜牧业生产劳动中创造的、在野外放牧和传统节庆时演唱的民歌。它集中体现了蒙古游牧文化的特色与特征，并与蒙古族的语言、文学、历史、宗教、心理、世界观、生态观、人生观、风俗习惯等紧密联系在一起,贯穿于蒙古族的全部历史和社会生活中。

2. 畲族民歌 She Folk Songs

民歌是畲族民众传授历史、文化、生产、生活等各种社会知识和进行文化娱乐活动的重要手段和工具。畲族民歌按题材内容大致可分为叙事歌(含神话传说歌和小说歌)、杂歌(含爱情、劳动生活、传授知识、伦理道德、娱乐生活等内容)、仪式歌(含婚仪歌、祭祖歌和功德歌等)。

3. 傈僳族民歌 Folk Song of Lisu Nationality

傈僳族民歌以叙事古歌"木刮"著称,木刮主要用于内容严肃、气氛庄重的传统叙事长诗,并多在民族节日、集会等时间和场合歌唱。代表性歌唱内容如《创世纪》《生产调》《牧羊歌》《逃婚调》,曲调朴实、深沉,具有苍凉、古老的风格。

4. "花儿" Hua'er

"花儿"广泛流传于回、土、东乡、保安、撒拉、藏、裕固等少数民族中,是运用当地汉语方言在村寨外歌唱的一种山歌形式,俗称"少年""山曲儿""花曲"等。"花儿"的传唱主要在日常生产生活与"花儿会"两种场合下进行。"新疆花儿"的曲牌(俗称"令")有 23 种之多,代表曲目有《花花尕妹》《三十三石荞麦》《月亮上来亮上来》《歌手情话》《双探妹》等。

5. 藏族拉伊 Layi(la gzhas),"Love Songs" of the Zang Nationality

拉伊是流传在藏族群众中专门表现爱情内容的山歌艺术。完整的对歌设有一定的程式,包括引歌、问候歌、相恋歌、相爱歌、相思歌、相违歌、相离歌和尾歌等。拉伊的曲调因地域不同而形成多种风格,有的强调音乐的语言性,节奏比较紧凑;有的旋律深沉、悠扬;有的旋律甜美,节奏规整。拉伊以其丰富的表现形式,体现出独特而重要的区域特色和文化价值。

6. 侗族大歌 The Dong's Big Songs

侗族大歌,侗族称为"嘎老"。"嘎"即歌,"老"含有人多声多和古老之义。"嘎老"是一种由众多人参与的歌队集体演唱的古老歌种,故译为大歌。侗族大歌是最具特色的中国民间音乐艺术之一,代表性曲目有《耶老歌》《嘎高胜》《嘎音也》《嘎戏》等。它不仅仅是一种音乐艺术，而且是侗族社会结构、婚恋关系、文化传承和精神生活的重要组成部分。

7. 彝族海菜腔 Haicai'qiang（Seaweed Tune）of the Yi Nationality

彝族海菜腔是海内外知名的云南彝族特有的民歌品种，在形成及发展过程中深受明清时期汉族文化影响。一首完整的海菜腔曲调通常由拘腔、空腔、正七腔及白话腔等部分组成，结构复杂，篇幅宏大，是一种由多乐段组合，集独唱、对唱、领唱、齐唱、合唱等形式于一体的大型声乐套曲。代表性曲目有《哥唱小曲妹来学》《石屏橄榄菜》等。

8. 那坡壮族民歌 Zhuang's Folk Song of Napo

那坡壮族民歌历史悠久，按不同的曲调可分为"虽敏""论""哎的呀""春牛调""请仙歌"和"盘锐"六大种类。代表性曲目有《虽待客》《论造》《酒歌》《盘歌》《祭祖歌》等。

9. 纳西族白沙细乐 Naxi Baisha Music（Baisha Xiyue）

在长期的历史发展进程中，纳西族的先民受东汉饮酒文化与歌舞文化影响，逐渐成为一个能歌善舞、富有音乐天赋的民族。白沙细乐是元明遗音与纳西民间音乐的美满结合，是经过相当长的时间才逐步形成的套曲，器乐兼歌并舞，意境深宽，曲调抒情，旋律婉转流畅。

10.《阿里郎打令》Arirang Folk Song

《阿里郎打令》是中国朝鲜族抒情民歌的代表性作品，表达了朝鲜族人民对美好未来和美好生活的憧憬和向往。《阿里郎打令》的歌词和旋律充分体现了朝鲜族的传统风俗，旋律明朗、优美动听。

11. 独龙族民歌 Folk Songs of the Dulong Nationality

独龙族民歌是独龙族人在千年历史进程中创作出的极具民族特色的民歌。独龙族民歌有独唱、对唱、合唱等众多演唱方式，可清唱，也可用乐器伴奏演唱。打击乐器芒锣是独龙族民歌活动必用乐器，除此之外还有皮鼓、口弦、竹笛等。民歌曲调紧凑优美、节奏自由、情感热烈，有着非常珍贵的人文及音乐艺术价值。

三、民族戏剧

1. 彝族撮泰吉 Cuotaiji Dance of the Yi Nationality

撮泰吉是古老而原始的彝族民间戏剧,堪称少数民族戏剧史上珍贵的活化石。撮泰吉表演主要分为祭祀、耕作、喜庆、扫寨四个部分,其中耕作是全戏的核心,主要反映彝族迁徙、农耕、繁衍的历史。

2. 佤族清戏 Qingxi Opera of the Wa Nationality

明末清初,湖北人根据古老的青阳腔创造出了清戏这种新的戏曲形式。清代咸丰年之前,过境的商贾军民将清戏带到地处古丝路要冲的云南省腾冲县甘蔗寨,在甘庶寨佤族民众中传播开来,逐渐演变成佤族清戏。受湖北清戏影响,佤族清戏曲调抑扬顿挫、悦耳动听,既善叙事,又善抒情,保留着早期清戏原始古朴的特色,具有较强的艺术表现力和感染力。流代表性曲目有《姜姑刁嫂》《逐赶庞氏》《芦林相会》《安安送米》等,均取材于汉族民间故事《三孝记》和《白鹤传》。